关注　发现

玩赚
小红书
运营

账号定位 + 文案创作 + 视频制作 + 营销策略

全权◎编著

U0313953

化学工业出版社

·北京·

内 容 简 介

本书围绕小红书的账号定位、文案创作、视频制作及营销策略4个篇目展开介绍，帮助读者快速成为小红书超级博主！

账号定位篇介绍了小红书的规则算法以增加权重分，介绍了运营机制以规避错误惩罚，以及账号定位的原则。

文案创作篇介绍了文案选题的策划、爆款标题的取法，以及如何图文匹配提升高级感。

视频制作篇介绍了视频的拍摄方法、构图技巧，以及运用剪映进行视频剪辑与效果制作的方法。

营销策略篇介绍了推广的优势与方式、引流养号的技巧，以及直播变现的渠道和模式等内容。

本书适合下列4类读者阅读：一是想要从零开始运营小红书账号的人群；二是想要提高账号流量、快速吸粉的人群；三是想要创作出具有爆款销售力笔记的人群；四是想要从小红书小白博主转变成红人博主的人群。

图书在版编目（CIP）数据

玩赚小红书运营：账号定位＋文案创作＋视频制作＋营

销策略／全权编著 . —北京：化学工业出版社，2023.8（2025.4重印）

ISBN 978-7-122-43445-6

Ⅰ.①玩… Ⅱ.①全… Ⅲ.①网络营销 Ⅳ.① F713.365.2

中国国家版本馆 CIP 数据核字（2023）第 082007 号

责任编辑：李 辰 孙 炜　　　　　　　封面设计：异一设计
责任校对：王鹏飞　　　　　　　　　　装帧设计：盟诺文化

出版发行：化学工业出版社（北京市东城区青年湖南街13号　邮政编码100011）
印　　装：涿州市般润文化传播有限公司
710mm×1000mm　1/16　印张12¹/₂　字数299千字　2025年4月北京第1版第3次印刷

购书咨询：010-64518888　　　　　　　售后服务：010-64518899
网　　址：http://www.cip.com.cn
凡购买本书，如有缺损质量问题，本社销售中心负责调换。

定　　价：68.00元

前　言

大家好，我是本书的作者，我叫全权。作为一个从"十八线乡镇"走出来的创业青年，在我之前的规划中并没有写一本与小红书相关的书籍，在我以往的印象中，小红书的用户活跃度无法与短视频平台相比，普通人在上面很难持续商业化。

但是万万没想到，小红书在2023年2月份的一则数据显示，有60%的日活用户每天都会在小红书主动搜索，日均搜索查询量接近3亿次。这个数据意味着，小红书已经成为网民们重要的生活潮流信息搜索入口。

除了溯流信息搜索，现在年轻人想买点什么东西，也会在小红书上搜索相关的笔记，看看别人买的啥，自己钟意的品牌别人是怎么评价的，然后再决定自己要不要入手。

2023年2月份，明星董洁在小红书上进行了一场带货直播，当晚直播观看人次超过220万，连续6小时位居人气榜首，累计GMV（商品交易总额）超过3000万元，登上小红书带货榜首。董洁直播带货的商品多是百元、千元的小众设计师风格，能卖出3000万的GMV，不仅证明了高客单价商品在小红书有广泛的市场，也向品牌方证明了小红书用户的消费能力和投放价值。

仅仅3个月后，明星章小蕙在小红书开启首播，历经6小时，人气突破6亿，当天直播共38个国际小众品牌，上架181个商品链接，售罄链接57个，销量4.13万，成交金额5000多万，这一组组的数据，证明了小红书是一个非常有前景的电商平台。

小红书为了增加平台影响力，目前的商业化开放程度越来越高，普通人可以在小红书上通过接广告、线上接单、开店卖货、门店引流、团购分享等多种方式变现。作为自媒体变现教练，我经历过公众号、短视频的风口，知道每一个平台商业化的背后都孕育着大量机会。

于是，我自己运营了多个小红书账号，其中一个小红书账号"全网红"，目前已有4万多垂直粉丝，正是因为我本人有依靠小红书变现的亲身经验，所以我才写了这本书。

本书旨在帮助那些想在小红书变现的博主，做好账号运营、内容创作、获客引流等，这是一本极具实操性的干货指南书。全书共12章专题内容，教你如何"玩赚"小红书账号。具体从以下4个方面进行详讲。

（1）如何做好账号定位：在了解小红书运营重点的基础之上，确定你的兴趣擅长与用户画像，紧扣你的账号定位进行笔记创作。

（2）如何做好文案创作：针对热门话题和用户痛点、痒点，确定选题方向，打造吸引眼球的标题，创作具有新意的优质文章。

（3）如何做好视频制作：通过了解和学习视频的拍摄技巧和剪辑技巧，创作出更精彩和更吸引人的视频，提高视频"种草"的效果和小红书的运营效益。

（4）如何做好推广变现：通过学习小红书养号和引流的技巧，为自己的账号带来更多的流量和热度。通晓变现渠道，学习小红书直播带货的新模式，将自己的流量变现，成为收入可观的小红书达人。

特别提示：本书在编写时，是基于当前版本软件截取的实际操作图片，但书从编辑到出版需要一段时间，在这段时间里，软件界面与功能会有调整与变化，比如有些功能被删除了，或者增加了一些新功能等，这些都是软件开发商做的软件更新。若图书出版后相关软件有更新，请以更新后的实际情况为准，根据书中的提示，举一反三进行操作即可。

本书由全权编著，参与编写人员还有杨菲。由于作者知识水平有限，书中难免有疏漏之处，恳请广大读者批评、指正，联系微信：2633228153。

编著者

目 录

账号定位篇

文案创作篇

视频制作篇

营销策略篇

账号定位篇

第 1 章

平台特色：了解小红书的运营重点

　　随着互联网的发展，线上交易平台呈现出井喷式增长的趋势。虽然电商平台层出不穷，但能留存下来的却很少。小红书作为近年来发展最为迅速的电商平台之一，抓住小红书给予的机会，就是抓住了我们的明天。

1.1 从零开始概述，了解小红书

从2013年开始到现在，小红书随着外部环境及内部环境的变化，不断地调整自身的商业发展战略。

除了不断改变自身的商业模式，小红书还致力于打造一个有着"分享"精神，并且充满"美好""真实"与"多元"的社区，无论是产品的发展还是商业模式的变化，小红书都不以牺牲用户的体验为代价。也正因如此，小红书摒弃了凭借大规模流量的商业化变现模式，而选择了一条更加复杂、艰难的道路。事实证明，这条道路是一条正确的道路。

目前，小红书App还在快速发展过程中，其产品功能主要包括"消息""商城""首页""分享"和"我"5个方面，如图1-1所示。

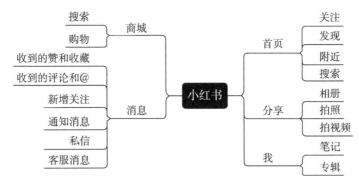

图 1-1 小红书 App 产品功能

1.1.1 知晓发展历程

到如今，小红书已经走过了几个春秋。在这段时间里，小红书一直关注着市场变化，不断地调整自己的商业模式，致力于更好地服务用户。总的来说，小红书平台共经历了以下几个阶段。

1.1.0：找到真实的用户痛点

2013年，中国在境外购物信息分享领域方面的信息几乎还是空白，毛文超与瞿芳两位创始人便抓住了这个商机，在上海创立了小红书。

最开始时，两位创始人先是在网站上发布了一份PDF（Portable Document Format的简称，便携式文档格式）文件，该文件的名称为《小红书——你的随身出境购物攻略》，如图1-2所示。这份文件受到了大家的热捧，在不到一个月的时间里，这份文件就被下载了50万次。

图1-2 小红书攻略 PDF

但是在2013年，PC（personal computer，个人计算机）互联网时代已经走向终点，移动互联网正在加速发展，几乎所有的互联网企业都加快了在移动端上布局的速度。因此，小红书的两位创始人也快速地做出了调整。在圣诞节前夕，两位创始人带领团队上线了主打海外购物UGC（User Generated Content，用户原创内容）分享的小红书App。

在小红书App上，用户可以尽情地分享自己的境外购物心得，其中包括商品的详细信息，如商品的品牌、价格、购买地点和使用心得等。

在此期间，小红书做了最重要的一个决策，即使用UGC的内容生产模式。图1-3所示为小红书UGC商业模式。

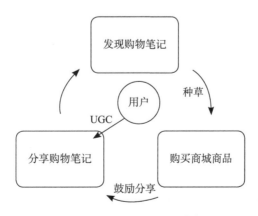

图1-3 小红书 UGC 商业模式

在小红书发布攻略PDF时，正好是国庆节期间，而在应用商店上发布App时，正好赶上了圣诞节这个海外购物高峰节点。在此期间，小红书完成了第一批用户的积累，打开了一定的市场。

而在2014年春节期间，又有一批出境旅游的人，当他们在应用商店上搜索相关App时，第一个出现的便是小红书。因此，小红书没有采用任何的推广策略，在春节假期中，凭借精准的市场定位及差异化的内容，又一次迎来了用户的爆发式增长，与之而来的还有社区里其他内容的增加。

一开始小红书做的是海外购物信息的分享，现在小红书中关于旅游、美食的内容也在逐渐增加，这就使创始人开始思考要不要在这个时期加入更多的产品，以及要不要引入代购。

最终，两位创始人还是决定不在这一阶段加入其他类型的产品，并且要求社区的用户必须是"真实"的消费者，不允许代购的加入。为此，小红书还特意设计了一个系统，将不相关的信息隐藏起来。

2.2.0："社区+电商"双轮驱动

做"真实"用户的购物分享，让小红书中用户分享的内容更加真实、精准，因此小红书成了专业的海外购物分享社区，并在行业内声名鹊起，越来越多的用户被吸引进了小红书。

但是，当时的小红书只能看却不能买，因此小红书成了用户在海外、线下门店及其他电商平台消费决策的重要参考平台。

鉴于小红书流量巨大，很多企业都想在小红书社区中投放广告，但是小红书并没有打开广告的口子，而是选择了更为艰难却符合用户需求的路——电商。

当时，跨境电商也是一个风口，抓住跨境电商的机遇，也能更好地促进平台的发展，而且小红书本身就是从海外购物信息分享发展起来的。因此，小红书在App内为用户提供了跨境电商的服务，相关团队可以根据社区内笔记的相关数据精准选品，从而完成用户从发现商品到购买商品的体验闭环。图1-4所示为跨境电商模式的分类。

小红书开通了跨境电商的模式，找到了商业化变现的道路，并且凭借着庞大规模的优质流量及商品的正品保障，在2015年时，获得了腾讯、元生资本等投资人的青睐。

小红书在开创初期，专注于做海外购物信息的分享，目的是聚焦内容和品牌，进而吸引更加精准的用户，并给用户带来一种专业的印象。在做好海外购物信息分享后，便可以筹谋更大的空间。

根据市场需求，小红书开始延伸内容，从海外购物分享延伸到美食、旅游、学习、育儿等各类生活方式的分享，并引进算法推荐机制，使得小红书从一个海外购物分享平台，转变成为一个吸引众多年轻人的生活分享平台及消费决策平台。

图 1-4　跨境电商模式分类

★ 专家提醒 ★

　　CC 代购是指海外人员通过空运、海运等节省运费的方式把国外物品带回国内；BC 直邮是一种常见的跨境电商进口方式；BBC 保税又称进口保税备货，通过此方式可以降低电商企业的采购成本和物流成本。

　　小红书还吸引了众多明星入驻，如图1-5所示。此外，小红书还赞助了众多综艺节目，进一步扩大了自身知名度，如图1-6所示。因此，在2018年，小红书实现了用户的新一轮爆发式增长。

图 1-5　明星入驻小红书

图 1-6　小红书赞助的综艺

与此同时，小红书还在这一阶段实现了向综合电商转变，通过引进国内的一些知名品牌及第三方商家，形成了自营与平台相结合的电商模式。这种模式一方面增加了商品的种类，另一方面也减少了自营而造成的囤货风险。

3.3.0：坚守与再进化

到2018年的时候，小红书的用户数量就已经超过了1.5亿，并且完成了财务融资，公司估值也已经超过了30亿美金，因此小红书开始了社区商业化的探索。同年12月，小红书上线了品牌合作人平台，目的是为了方便品牌与小红书博主之间的联系，如图1-7所示。

图 1-7　小红书品牌合作人平台

在2019年年初，小红书的用户就突破了2亿。并且在年初的时候，小红书开始进行了新一轮的组织升级，目的是为了更好地匹配小红书在广告语整合营销服务领域的战略进化。同年11月，小红书制定并推出了创作者123计划，计划提供了品牌合作平台、好物推荐平台和互动直播三大平台，从创作者中心、活动及产品等3个方面来助力创作者。

图 1-8　选择"创作中心"选项

2020年初，小红书软件上线了创作中心。❶用户在小红书的"我"界面中点击❑按钮；❷在打开的下拉列表框中选择"创作中心"选项，如图1-8所示，便可以进入"创作中心"界面。

2021年4月，为了更好地规范小红书平台，保障平台的长久发展，小红书发布了《社区公约》，该公约规定了社区用户的行为规范，从2021年4月12日开始生效，如图1-9所示。

图1-9　小红书《社区公约》

1.1.2　掌握发展方向

目前，小红书的发展方向主要包括产品电商、正品自营和内容社区3个方面，下面分别进行详细介绍。

1. 产品电商

小红书最开始从海外购物分享做起，因此就会出现一个难题，那便是只能看却买不到。针对这个难题，小红书上线了小红书福利社，如图1-10所示。该福利社通过积累下来的海外购物数据，分析得出海外购物的趋势，然后以此为基础，把海外最受用户喜欢的商品通过最短的路径提供给用户。

与其他电商相比，小红书有两个独特之处。其一是口碑营销，用户在淘宝等平台购买商品时，通常都会查看买家评论，看看产品的口碑情况，而小红书是一个真实分享的社区，真实用户的口碑更能吸引用户购买。其二是结构化数据下的选品。在小红书上，有着大量的用户在平台上发现并分享自己喜欢的好物，同时用户也会针对自己的喜好去浏览、点赞、收藏一些笔记或视频，因此小红书中有着大量的底层数据。通过这些数据，小红书可以精准地为用户推送他们喜欢的笔记或视频。

图 1-10　小红书福利社

2. 正品自营

为了确保用户购买的产品都是正品，小红书与许多品牌都有合作，如国产品牌Perfect Diary完美日记、自然堂等，通过品牌授权和官方直营两种模式进行合作，如图1-11所示。

图 1-11　小红书与 Perfect Diary 完美日记、自然堂品牌合作

此外，小红书还建立了多个海外仓库，并在国内的两处保税仓中设立了产品

检测实验室。当用户对产品产生疑问时，小红书会立即将产品送去检测，并且还建立了国际物流系统，将产品又快又准地送到消费者手中。

3. 内容社区

一般来说，大多数的网络社区都属于虚拟社区，一切全都在线上解决，而小红书则将线上与线下结合，用户通过线上观察、阅读，然后在线下去消费、体验，因此小红书被称为"三次元社区"。

小红书通过某个用户在平台上分享自己的消费体验，然后与用户互动，激发用户到线下体验、消费的欲望，而这些用户在体验后会再反过来进行更多的线上分享，形成一个循环，从而吸引更多的人进入平台。

在过去几年的时间里，有很多品牌都在小红书上成长起来了，如完美日记、谷雨等。如今，小红书已经成为能够促进消费的主要阵地。图1-12所示为小红书平台上完美日记的每月声量变化。

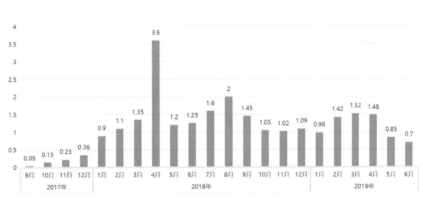

图 1-12 小红书平台上完美日记的每月声量变化（数据来源：用户说）

1.1.3 明确发展优势

与其他同类型的平台相比，小红书能够迅速发展，主要有以下几种优势。

1. 紧跟市场，不断优化

小红书的其中一个优势就在于能够敏锐地洞察到市场动向，并且能够根据市场的变化及时地反应、快速地调整并优化自身的商业模式和业务等，从而实现利益最大化。

自成立以来，小红书从最开始美妆个护等海外商品的购物分享，转变到海淘电商，以及现在的以短视频、图文为主要形式的商业模式，都是顺应了时代发展，紧密贴合了时代步伐。但是，其核心业务逻辑一直未变，如图1-13所示。

图 1-13　小红书 App 的核心业务逻辑

2. 明星入驻，自带流量

小红书平台除了有大量的普通用户，还入驻了一批自带流量的明星。通过明星的入驻，吸引了大量的粉丝进入小红书，用户量进一步增加。

3. 用户群体年轻化、基数大

小红书中的用户大多是"90后"和"00后"，用户年龄相对较低，思想也较为开放，容易接受新事物、新思想，消费的欲望也比较强烈，如图1-14所示。

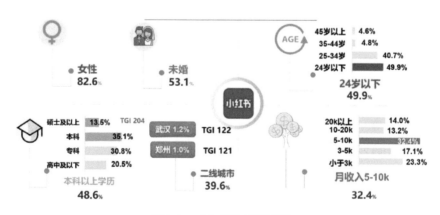

图 1-14　小红书用户群体画像

4. 内容优质且丰富多样

小红书一般都会收录并且推送一些质量较好的小红书笔记，用来供查询人参考。并且，软件中的每个视频都会显示播放量，用户可以根据播放量进行考量。

小红书不仅仅涉及了美妆、个护、发型等内容，还涉及了影视、摄影、绘画等，能够满足用户的各种需求，如图1-15所示。

图 1-15　小红书内容丰富

5. 社交功能强大，社交电商优势显著

小红书的社交功能也很强大，在用户发布的笔记下面，其他用户可以进行评论，互动性强，用户之间的黏性也很强，关联度高。图1-16所示为小红书用户评论。

图 1-16　小红书用户评论

通过平台里真实用户的分享和推荐，能够增强用户对推荐商品的信任度，有利于促进消费。

1.2 学习规则算法，增加权重分

小红书的笔记权重关系着用户发布笔记的曝光率，相同的内容，权重高的曝光率相对更大一些。那么，小红书笔记权重的规则算法是什么样的呢？是由哪几部分来控制的呢？本节来共同学习一下。

1.2.1 保证原创性

小红书是一个典型的分享型社区，其核心就在于内容和氛围。如果平台中充斥着大量且重复的内容，那么还有谁会去看呢？

因此，小红书关注的重点一直是笔记的原创性，无论你的笔记质量如何，必须是原创内容。

当然，还会出现一种情况，那就是你的笔记属于原创内容，但是却与别人的笔记有相似之处。在这种情况之下，小红书便会综合你每篇文章的原创程度取一个平均值，这个平均值的参数便是原创率。

那么，如何提高原创率呢？最好的办法就是你的笔记全部是原创，包括你发布的图片，如图1-17所示。

图 1-17　原创的笔记内容

1.2.2　提高转化率

介绍转化率之前，首先介绍一下小红书的推送原理。在用户第一次登录注册时，会要求用户填写相关的信息，如性别、地区、学校等，这些便是外在特征。此外，小红书还会收集用户的内在特征，即互联网行业中的通用词——用户画像。小红书将用户的外部特征通过大数据进行分析，进而形成个人人格画像。

例如，假如用户是女生，在适婚的年龄，笔记中有着关于结婚的词，且近期一直在浏览婚纱、酒店、婚礼的相关笔记，系统便会知道该用户即将结婚，这样，系统便会推荐更多的相关信息。

然后，系统会根据账号和笔记的权重将相关的笔记推送给一小部分人进行转化，如果转化率不够高，就会结束推送，笔记就会进入到关键词的信息流下面，只能依靠用户搜索才能观看。当转化率足够高时，笔记就会被推荐给大量用户，这样笔记的曝光度和转化率都会提高。

转化率指这个笔记的转发、评论、收藏、点赞的数量。一般来说，其关系主要是转发＞评论＞收藏＞点赞。

由此可见，小红书是将转发作为转化率的第一位，因为转发至站外的话能够获得更多的关注度和流量。而点赞只是观看者一个表态的动作，很难对该笔记做出价值判断，所以评论和收藏的权重要相对更高一些。

如图1-18所示，两者都是口红测评，但是前者的收藏、点赞及评论数都明显多于后者，也就是说前者的转化率大于后者。

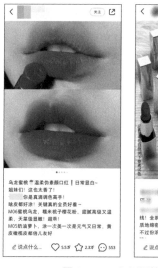 

图1-18　口红测评笔记对比

1.2.3 达到内容长度

笔记内容的长度一般是600字以上，才能满足合格的条件，并且能够获得内容长度的权重分，如果笔记不超过600个字，就不会增加权重分，如图1-19所示。

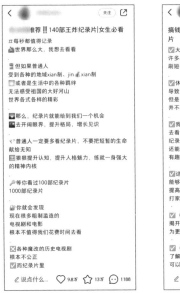

图 1-19 内容较多的笔记

1.2.4 关联关键词

关键词是指用户笔记中提到的关键词句或者标题中的关键词句。这个关键词必须与笔记内容的关联性很高，否则系统会将其认为是恶意引流的笔记，将会降低这部分的权重。因此，用户在发布笔记时，切忌贴上不符合内容的关键词。

1.2.5 选择话题

话题也会对笔记的权重分产生一定的影响，当人们选择话题时，首先是看话题的关联性，不要顾左右而言他，然后再看是否要加话题，加的话这部分的权重就会相对高一些。

值得注意的是，用户在选择话题时一定要慎重，因为话题的选择关系着后期流量在搜索中的索引问题。当用户选择的话题较弱时，距离搜索的流量就会较远。图1-20所示为笔记的话题示例。

图 1-20 笔记的话题示例

1.2.6 避免违禁词

不管是什么软件，都有违禁词限流的情况，目的是为了保障网络交流的顺畅，小红书也一样。小红书中主要是评论区中存在一些违禁词的问题，发布笔记的人可以将评论区中有着违禁词的评论进行删除，也可以举报。如果不采取措施，这篇笔记就会被直接限流。

1.3 熟悉运营机制，规避小错误

要想玩转小红书App，首先要了解小红书平台的运营机制，熟悉其运营机制，才能更好地掌握小红书的学习方法，在发布内容时，就能尽量地规避一些不必要的错误。

1.3.1 了解品牌合伙人规则

所谓品牌合伙人，是指收到品牌方的邀请，在小红书内发布与品牌有关的商业推广笔记的小红书用户。图1-21所示为品牌合作的具体流程。

图 1-21 品牌合作流程

目前，小红书已经将品牌合作平台升级成了小红书蒲公英平台，并且在小红书蒲公英平台中还增加了信用等级评分，如图1-22所示。

图 1-22 小红书蒲公英平台

一般来说，用户想要申请成为品牌合伙人必须达到两个要求，一是账号的粉丝数量超过5000，二是近一个月笔记的平均曝光要大于10000。

目前，小红书蒲公英已经与Tiffany&Co.、SUNNIES FACE、雪花秀等品牌达成了合作，如图1-23所示。

| Tiffany&Co. | Sunnies Face | 雪花秀 |

图 1-23 品牌合作

值得注意的是，要想与品牌进行合作，首先要开通专业号。图1-24所示为专业号申请流程图。

图 1-24 专业号申请流程图

开通专业号有两种身份可以选择，一种是个人号，另一种是企业号。首先进入"我"界面，然后点击上方的 ☰ 按钮，在打开的下拉列表框中选择"创作中心"选项，如图1-25所示。

图 1-25 "我"界面

进入"创作中心"界面后，点击"更多服务"按钮，如图1-26所示。进入"更多服务"界面后，点击"开通专业号"按钮，如图1-27所示。

图1-26　点击"更多服务"按钮　　　图1-27　点击"开通专业号"按钮

执行操作后，进入"小红书专业号"界面，点击"成为专业号"按钮，如图1-28所示，进入"专业号申请"界面；❶选择"我是「个人」"复选框，❷点击"立即申请"按钮，如图1-29所示。

图1-28　点击"成为专业号"按钮　　　图1-29　点击"立即申请"按钮

进入"选择与你最相符的身份"界面，❶输入你的身份，如"时尚博主"；❷在下面的列表框中选择"时尚博主"复选框；❸点击"完成"按钮，如图1-30

所示。执行操作后，在弹出的对话框中点击"确认身份"按钮，如图1-31所示，即可完成个人专业号的申请。另外，如果你选择的是系统推荐的身份，则不需要进行认证并缴纳相关费用。

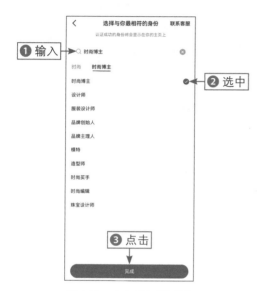 

图 1-30　点击"完成"按钮　　　　　图 1-31　点击"确认身份"按钮

如果是特殊行业，如医生、律师等，需要上传相关证件方可提交审核，如图1-32所示。此外，个人身份30天可以修改一次。

图 1-32　特殊行业认证过程

如果是企业号，就在"专业号申请"界面选择"我是「企业」"复选框，但是企业号在身份认证过程中还需要对企业的资质进行审核，并缴纳一定的费用。

图1-33所示为企业号资质认证的过程。

图 1-33　企业号资质认证过程

品牌合伙人包含两种机制,一个是收录机制,另一个是延迟展示。下面来看一下这两种机制的具体内容。

1. 收录机制

一般来说,只有收录了的笔记才能够被用户搜索到,才有推荐量。文字图片类笔记和视频类笔记都有着非常类似的收录机制。

文字图片类笔记是指以"图片+文字"的形式发布笔记,如图1-34所示。其收录机制通常是收录文字查找正文内容的第一句话。视频类笔记是指以"视频+文字"的形式发布笔记,如图1-35所示。视频类笔记的收录机制主要是查找视频简介。

图 1-34　文字图片类笔记

图 1-35　视频类笔记

2. 延迟展示

笔记推送后往往在之后的几天里点赞和评论的转化才会慢慢提升，并且会持续一段时间。

1.3.2 理清账号降权规则

想要让自己发布的笔记处于热门位置，那么账号的权重也是非常值得注意的，如果用户的账号被降权了，则会被限流甚至是封号。

目前，小红书的降权规则主要包括两个方面，一是账号违规，主要包括一个手机登录多个账号、用户昵称涉及广告、头像违规或有个人二维码等。二是笔记违规，主要包括笔记内容存在广告、用户联系方式、涉嫌抄袭和存在转发抽奖等行为。

此外，小红书官方还会针对这些行为定期进行公示，如图1-36所示。

那么，如何避免出现账号降权的情况呢？可以从以下几个方面来规避，如图1-37所示。

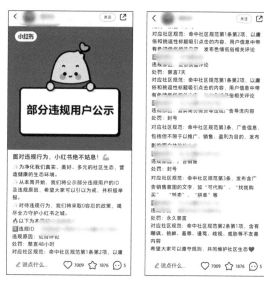

图 1-36 部分违规用户公示笔记

```
个人资料 ──▶ 小红书是一个分享类的平台，而不是带货平台，因此平台中
            严禁任何营销行为，用户应注意在自己的个人资料中不要带
            有营销的字眼

笔记内容 ──▶ 用户在发布笔记前一定要做好账号定位，一方面是为了凸显
            自己的专业性，另一方面也是为了让小红书系统更加重视你
            的账号，从而将你的账号推荐出去

账号等级 ──▶ 不管什么平台，当用户的等级越高时，用户账号的权重也就
            越高，小红书也是如此。在小红书平台中，将账号分为了10
            个等级，所以用户在运营时一定要提升自己的账号等级
```

图 1-37 规避账号降权方法

1.3.3 明白账号限流规则

除了账号降权，还有账号限流的问题。如果账号被限流了，则笔记的热度和流量也上不去。账号限流有两种情况，一是单篇文章被限流，二是多篇文章被限流。

怎么知道自己的账号被限流了呢？其主要表现在自己原来笔记的内容或者数据消失了，并且新发布的笔记数据很差，曝光率不足。

小红书一直专注于做分享类的社区，因此对于用户发广告方面的管控是非常严格的。在小红书中，只有成为品牌合作人才可以发布广告。如果你的账号经常发布广告，系统便会认定你的账号为营销号，从而会采取限制账号曝光度等措施，严重的话甚至会禁言、封号等，如图1-38所示。

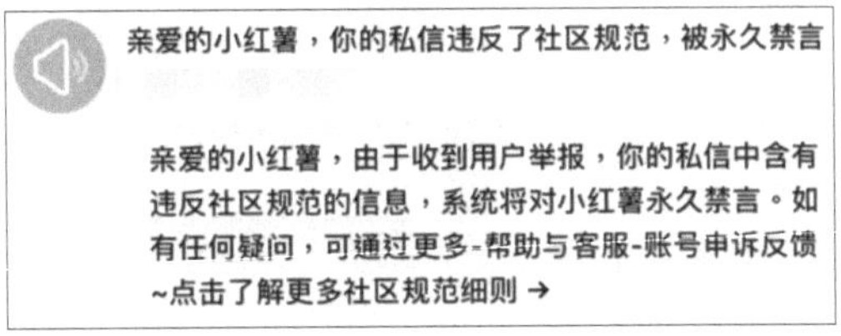

> 亲爱的小红薯，你的私信违反了社区规范，被永久禁言
>
> 亲爱的小红薯，由于收到用户举报，你的私信中含有违反社区规范的信息，系统将对小红薯永久禁言。如有任何疑问，可通过更多-帮助与客服-账号申诉反馈
> ~点击了解更多社区规范细则 →

图 1-38　永久禁言公告

第 2 章

精准定位：积累高黏性的用户群体

什么是账号定位？简单来说，就是确定账号的运营方向，让运营活动变得有的放矢。为什么有的小红书账号用户看过一眼后，就能立马记住？主要就是这些账号围绕自身定位，打造了一个足够吸引用户的特色IP。

2.1 了解账号定位，制定范围

账号定位是运营账号的开始，只有做好了账号定位，才能知道自己的账号以什么内容为主要输出，也能知道吸引到什么类型的粉丝。例如，将账号定位为汉服种草，那账号输出的内容便最好都是与汉服相关的。

2.1.1 明确定位概念

定位就是给自己输出的内容制定一个范围，用户在这个范围内输出内容，不是什么都涉及，什么都写，这样粉丝才不会分散。

对于粉丝来说，看到你的一篇爆文时，通常会点进你的主页去看你的其他内容。当然，粉丝会点开你这篇笔记，就说明粉丝喜欢你这篇文章的内容，点开你的主页也是为了看你的其他同类内容。图2-1所示为账号定位是两位美食博主的个人主页，他们的笔记内容也都是围绕美食的。

图 2-1 美食博主个人主页

当看到你的账号有着许多同类内容时，粉丝大概率会关注你。如果你主页的内容杂乱无章，不仅吸引不到新的粉丝，原来的粉丝也存在着流失的可能。此外，做好账号定位还具有以下3个好处。

1. 提高垂直率

当你的账号发布笔记的内容过于混乱时，系统无法知道账号的定位是什么，便只能根据你的标签及内容来判断你的定位，这样不利于提升笔记的曝光率。

此外，无法判断账号定位的话，将会导致账号的垂直率降低。两个笔记在同等情况下，系统往往会推荐垂直率高的笔记，因为这样的笔记更加匹配用户需求，内容也相对更为优质。图2-2所示为汉服推荐博主的个人主页，该账号的主要定位是做汉服推荐，其发布的笔记都是汉服服饰的相关内容，该账号的垂直率就相对较高。

图2-2 汉服推荐博主的个人主页

垂直率高的账号，小红书会根据你的内容给你打上一个标签，从而推送给相对应的粉丝。而那些垂直率低的账号，系统无法知道它们的标签，便只能推送给可能相关的粉丝，这样笔记的受众群体就不够精准，流动性也很强。

因此，只有做好了定位，给自己发布的笔记确定好一个目标，你的垂直率才会提升，才能拥有更多的曝光率。

2. 降低竞争力

给自己的账号定位其实也是降低竞争力的办法之一，给自己的账号做好定位，那么与你竞争的人就是与你定位相类似的人。例如，你是读书博主，那么与你竞争的人便是其他相关的读书博主，但是如果你的定位更加深入，给自己的定位是关于历史方面的读书博主，那么你的竞争对手便会更加少。

并且，给自己定位可以给潜在的粉丝一个关注你的理由，让别人知道你是做什么的，你输出的内容是关于什么的，你与其他相似的博主有什么区别。

3.增大关注度

做好了定位，对这方面感兴趣的粉丝就会来关注你。例如，你是做小红书引流变现的博主，那么关注你的粉丝就会是想要学习运营的用户或者需要在小红书上引流变现的商家，因为你的笔记能够给他们提供价值，帮助他们更快、更好地引流变现。

2.1.2　抓准4个问题

要想做好定位，首先要确定好以下4个问题，回答好了这4个问题，能够帮读者更好地给自己的账号做定位。

1.你是谁？

这个问题主要是确定你的基本定位，也就是你的人设。人设不能轻易定下，是需要通过详细的分析而得出的。一个好的人设可以吸引更多的人，但是在保持这个人设期间尽量不要出现人设崩塌的现象，否则会使你的形象大打折扣，所以你最好选择一个你喜欢的、价值高的人设。

目前，小红书上有很多类目，最容易接到合作的便是美妆、穿搭、探店之类的博主。其实，平台内可供选择的种类有很多，就看你能否找到最合适、最喜欢的。

还有一点值得注意的是，小红书上许多的热门领域呈金字塔形式，已经有了头部博主了，并且这些领域还存在着许多中低层博主，竞争十分激烈。如果你的内容不能脱颖而出，则最好选择一个竞争相对较少的领域，或者是对这些领域做更加深入的探讨，这样你的竞争才不会很激烈。

2.你的目标群体有哪些？

除了要确定好你的人设，还需要确定你的目标人群，这样才能更好地做内容。

对于目标群体，你需要知道你的内容适合男性还是女性？你的粉丝年龄大致会在什么区间内？他们所在的城市是属于一线、二线还是其他？他们的职业又是什么？图2-3所示为目标用户画像。

确定好这些后，你输出的内容才会更有针对性，从而帮助你

图 2-3　目标用户画像

找到更加合适的人设，做好定位。

3. 你这样做有自己什么优势吗？

同样是做美妆博主，你与别人有什么不同，粉丝为什么选择你而不选择他，你需要给粉丝一个答案。

图2-4所示为分享考研经验的笔记案例，笔记的两位博主都是在分享考研经验，但是前者只是讲述怎么备考，而后者的内容写明了自己已经上岸了。因此相对于前者来说，后者更能吸引用户的关注。

图 2-4　分享考研经验的笔记案例

4. 你用什么来吸引用户？

小红书上的博主众多，你要用什么来吸引用户呢？在朋友圈中，无论你发什么，总会有你的朋友来给你点赞或评论，但是小红书不是朋友圈，受众对象不是你的朋友，而是广大的陌生用户，你要靠什么来吸引他们呢？

如果你发布的笔记内容不能吸引用户观看，就更不能吸引到这些用户成为你的粉丝。那么，什么样的内容是能够吸引到用户的呢？

（1）成功经验

小红书本来就属于分享型社区，用户大多数都是因为想要看别人的经验分享才来逛小红书的，因此读者需要将自己的购物心得、经验等都分享给广大陌生的用户，才能吸引用户。图2-5所示为分享成功经验的笔记案例，做主播的博主将自己的主播经验分享出来，学习博主也将自己的学习经验分享出来。

图 2-5　分享成功经验的笔记案例

（2）转行跳槽

对于一些想要转行却又无从下手的人来说，这方面的内容会很吸引他们。将一些行业中外部人了解不到的信息分享出来，也会获得很多的粉丝关注。

图2-6所示为有关转行跳槽的笔记案例，针对一些转行和跳槽等方面进行解读，为大家分析行业中的坑，帮助大家避坑，而且可以吸引一些用户收藏。

图 2-6　转行跳槽笔记案例

（3）产品分享

你可以将自己喜欢的产品或使用体验很好的产品推荐给其他用户，如果你推荐的产品其他人也觉得好的话，他们就会持续地关注你，甚至还会推荐给身边的朋友来关注你的账号。图2-7所示为好物分享笔记案例。

（4）精神享受

当今社会，物质生活已经得到了满足后，人们就会开始寻找精神方面的满足感，因此在输出内容时可以从这一方面下手，给用户一种精神上的享受，这样你也会拥有一批忠实的粉丝，如图2-8所示。

图 2-7　好物分享笔记案例

图 2-8　精神享受笔记案例

（5）学习成长

除了上述4点，还可以用学习成长类的内容来吸引用户。图2-9所示为学习成长类笔记案例。目前，小红书内有很多这种关于学习成长类的博主。

图 2-9　学习成长类笔记案例

　　值得注意的是，在确定好自己的账号是哪一方面后，可以先借鉴类似博主，看看他们平时发的内容是什么，了解同类博主为什么会更加吸引用户关注、点赞，然后开始模仿，并在模仿中形成自己的风格。

2.2　遵循定位原则，紧扣主题

　　前面讲解了什么是定位及定位的4个问题，接下来学习账号定位的四大原则，即垂直原则、价值原则、深度原则和差异原则。

2.2.1　执行垂直原则

　　垂直原则是指你专注于做一个内容，不在自己的账号中输出与自己内容无关的信息，尽量做到深入。如果你想要去迎合所有人的喜爱，是没有办法做好的，人不能同时兼顾所有的事，所以只能做好自己想要做的那一部分，做精做细，这样粉丝便会随之而来。

　　图2-10所示为某一读书博主的个人主页，该小红书博主便是以分享读书为主的博主，因此他的内容基本都是以推书和读书感悟为主，这样的账号垂直率就相对明显，平台也会了解到账号垂直的方向在哪，从而推荐给相关的用户。

图 2-10　读书博主的个人主页

2.2.2　执行价值原则

有价值的内容，粉丝才会愿意去看。如果只是哗众取宠，或者是为了博关注而输出一些没有营养价值的内容，就算能够得到关注，也只能得到一时的关注，不能长久。必须要让用户浏览你的笔记时能够获得一定的价值。有价值内容的账号才能吸引粉丝，并且留住粉丝。

图2-11所示为价值化的笔记案例，一份是拍摄思路的分享，一份是拍摄运镜教程的分享。两份笔记都是属于有价值的笔记，其中的内容能够帮助用户了解到一些简单的拍摄和运镜知识，喜欢这方面且想要学习的用户便会选择关注你的账号。

2.2.3　执行差异原则

前面提到过，差异化的内容才能让你的笔记在众多内容中脱颖而出，让更多的用户关注你。

图 2-11　价值化的笔记案例

那么怎么做到差异化呢？不仅仅是你输出的内容，还有内容的结构、表达的方式、视觉效果等多方面都可以造成差异化。一般来说，很大的差异化是很难做到的，可以从小的差异化做起。

图2-12所示为内容差异化的笔记案例，该博主另辟蹊径，从茶艺入手，讲解和分析古时茶席礼仪及其中蕴含的"礼"文化，向大家介绍中国源远流长的茶文化。该笔记相对于美妆、穿搭这些热门领域来说，其定位就比较小众一些，但也更加的与众不同，也能吸引到粉丝的关注。

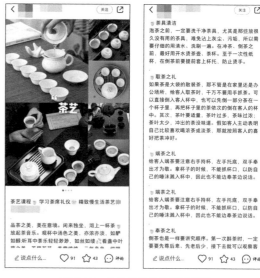

图2-12 内容差异化的笔记案例

2.2.4 执行深度原则

深度原则，顾名思义就是将某个领域的东西从深处挖掘给用户，不是仅仅只停留在知识表面，而是让用户知道你的内容更有深度，对这方面感兴趣的用户便不会取关你了。

图2-13所示为内容深度化的笔记案例，其生产的内容不仅仅包括汉服推荐，而且更深层次地从汉服知识出发，向大家介绍汉服中关于形制的知识。

图2-13 内容深度化的笔记案例

2.3 使用7步法则，做好定位

一般来说，要想做好账号定位，可以从以下7步着手。本节将介绍7步法的具体内容。

2.3.1 发挥你的擅长

这里的擅长是通过你与别人的比较而得出的，不能单纯地说你擅长唱歌，但是别人也擅长唱歌，你要思考你是否唱得比别人好？当然，这个别人不是指所有人，而是指你的水平是在中等偏上的，比平台中的大部分人要好。

并且，你所擅长的不一定是一种技能，也有可能是人脉、资源等，这些都是你擅长的一部分。那么，要从哪些方面来找到你擅长的地方呢？图2-14所示为从4个方面找到自身擅长的建议。

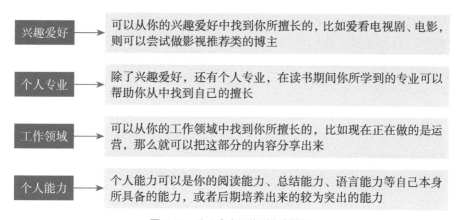

图2-14 从4个方面找到自身擅长

2.3.2 寻找你的兴趣

兴趣是人们做事时最好的动力源泉，所以要在自己擅长的事物里找到自己喜欢的。如果喜欢的东西很多，可以使用排除法，先排除掉自己不喜欢的。

2.3.3 坚持你的努力

在开始做账号时，必须要想清楚，并不是付出就会马上得到回报，况且在这个平台里面，有许多的博主在与你竞争，你的笔记不可能每个都能够上热门，也不可能上了热门就能吸引到很多用户。所以要问问自己，在付出了很多精力却短时间内没有得到结果的情况下，还能坚持下来吗？

每一个新人刚刚开始时，都要耐得住寂寞。"山重水复疑无路，柳暗花明又一村"，或许你坚持下来了，便能够得到一个很好的结果，但是往往有很多人都没有坚持下来。在坚持的这段时间里，需要根据你的数据和市场情况，不断地调整策略和方向，这样结果才会变好。

此外，还有一点需要注意的是，你储备的知识及财力能不能支撑你坚持下去。如果你的储备量无法支撑你长期输出的话，就必须在输出的同时不断地学习新的知识，充实你的储备量。例如，你是做口红测评的，你家中有50支口红，那么你做完这50支的口红测评后，是否有能力持续购买并且了解到新的口红知识来支撑你的口红测评。

2.3.4　确定你的用户画像

找到自己想要的方向后，就把这个方向的用户画像确定下来，然后根据画像来斟酌自己输出的内容。但是，我们只是做一个账号而已，不需要做非常详细的用户画像，只需大致了解用户的性别、年龄、居住城市及职业即可。

2.3.5　明确你的目标

在做这个账号之前，一定要明确自己的目标是什么，是想要通过这个账号盈利，还是仅仅想要向广大的陌生用户分享自己的经验、情绪等，这些也都与你的账号定位有很大关系。

运营一个账号是可以从很多领域内的某个方面来运营的，但是有的领域是很难变现的。例如影视剪辑，这种账号其实很容易获得关注度，但是想要转化变现时，却发现很困难，主要是来找你投广告的商家并不多。这样自己辛辛苦苦做出来的账号，结果却没有得到想要的收益，就得不偿失了。

所以在做账号定位之前，一定要了解自己的目标到底是什么，如果是为了能够快速变现的话，最好不要选择那些商业价值低的领域。

2.3.6　思考你的合适度

在做小红书运营之前，一定要了解一些自己想要发布的内容及自己的定位是否适合在小红书平台上发布。可以先提前了解小红书平台，将用户画像与小红书的背景数据对比。

如果你所做的内容面向的群众是老年人，就不适合在小红书上发布了。但如果你是做美妆、探店、学习类的内容，就适合在小红书平台上发布。图2-15所示为小红书上的探店笔记案例，这种探店内容经常在小红书上出现，也比较受小红书中用户的喜欢。

图 2-15　探店笔记案例

　　如果发现自己想要发布的内容不适合时，就需要重新返回到第二步，重新选择你所喜欢的领域，然后再去挑选。

2.3.7　寻求你的新意

　　做好以上几步之后，下面思考一下自己发布的内容的新意。可以提前去小红书中了解相类似的其他博主发布的内容，从中找到与众不同的方向，这样会帮助你减少竞争力。

　　那么，如何去寻找新的点，避免直接竞争呢？目前主要有两种方式，一是通过选择细分领域，二是突出自己的个人特色。

1. 选择细分领域

　　在选择领域时，可能会选择现在比较热门的彩妆领域等，但现在小红书中已有很多这样的博主，此时就得选择其中的细分领域了，这样或许还会有机会获得大部分粉丝的关注。

　　要想细分领域，有两种办法，一个是横向细分，另一个是纵向细分，下面分别进行详细介绍。

　　（1）横向细分

　　横向细分是指从横向来对你选择的领域进行划分，例如，你选择的领域是汉服，别人做汉服推荐，你可以做汉服入门科普，如图2-16所示。

图 2-16　横向细分案例

（2）纵向细分

纵向细分是指在一个大的领域中往深处挖掘，例如，你选择美妆这个大类，便可以纵向细分出眼妆、口红等，如图2-17所示。

图 2-17　纵向细分案例

2. 突出个人特色

除了选择细分领域，还可以在自己的账号中突出自己的鲜明个人特色。比如，在直播或视频中加入自己的口头禅等，并用风趣幽默的话语讲述出来，形成自己独一无二的特征，这样便会让一些观看你的直播或视频的粉丝更加快速地记住你，并持续地关注你。

这方面最典型案例的便是某位宠物博主，"猫德学院""三号楼"等都是他的经典标志，让人一听到这些词就能想到他。图2-18所示为某宠物博主的个人主页，在小红书中，这位博主也将这些突出自己鲜明个人特色的词用在了图片里。

图 2-18　某宠物博主个人主页

文案创作篇

第 3 章
选题策划：输出优质内容的关键点

　　一个项目在立项之前都需要确定一个方向，在采编方面可以称之为选题计划，而在小红书运营方面便可以称之为选题策划。选择并策划出一个满足用户需求的选题，可以使你的笔记更快地积累到人气。

3.1　把握选题内容，吸引目光

什么是选题？选题策划的内容是什么？选题策划的步骤是什么？在了解热门选题之前，先来了解一下选题策划的相关内容，帮助你做出更符合用户预期的选题。

3.1.1　了解选题策划

什么是选题呢？在出版行业，选题是指通过工作人员多次讨论、多方面分析、考量而确定的某个主题的项目；而在小红书运营方面，则是为你的账号发出的内容确定一个题目，并且在你所发布的所有内容中都要与之相关，不可发布其他内容，不然不利于你的运营。例如，你确定的选题是旅游攻略，那么这个账号所发布的全部内容最好都是这方面的内容，保持垂直性。

有比喻说，选题是种子，是构建的蓝图，也是出版物编辑工作的基础，同样，对于小红书账号运营来说，选题也是运营的基础。

如果没有选题，你发布的笔记便会没有结构层次，也没有整体计划，这样你的笔记就不会爆火，也就不会吸引到更多的用户。如果你只是想要分享自己的生活，并没有太多需求的话，那没什么；如果你想要的是打造爆款内容，吸引更多用户，并能实现变现，不进行选题策划，则不可能达到这个目的。

一般来说，按照不同的分类依据，选题有着不同的类型，如图3-1所示。

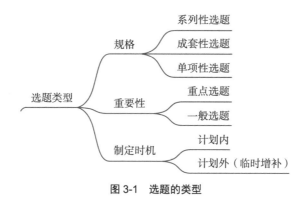

图 3-1　选题的类型

3.1.2　确定选题标准

选题也需要一定的标准，不是什么样的选题都可以使用，其标准主要有5个方面，具体内容如图3-2所示。

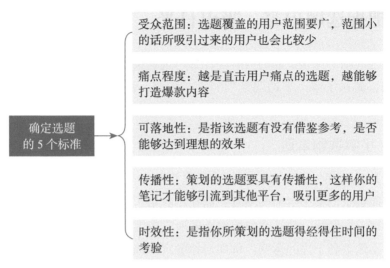

受众范围：选题覆盖的用户范围要广，范围小的话所吸引过来的用户也会比较少

痛点程度：越是直击用户痛点的选题，越能够打造爆款内容

确定选题的 5 个标准

可落地性：是指该选题有没有借鉴参考，是否能够达到理想的效果

传播性：策划的选题要具有传播性，这样你的笔记才能够引流到其他平台，吸引更多的用户

时效性：是指你所策划的选题得经得住时间的考验

图 3-2　确定选题的 5 个标准

3.1.3　掌握选题方法

在进行选题策划前，需要做好3个方面的准备，分别是了解内容的定位、了解用户的特点和内容生产方式的搭建，具体内容如下。

1. 了解内容的定位

一般来说，在做一个账号之前，需要确定这个账号的定位，即确定这个账号产出的内容是哪方面的，面对的用户又是哪些等。了解了内容的定位，在做选题时就需要做与这个定位相关的内容。

例如，你是做美妆类的内容，但是你的选题却是科技产品类的，这是万万不可取的。你的账号定位是美妆类，那么你的选题就必须要围绕美妆。

2. 了解用户的特点

在做运营时，最需要关注的是用户，要了解用户的特点、痛点、需求和痒点，只有你的笔记满足了用户的需求，才能够被用户喜欢。

刚刚开始做小红书运营时，在确定好你需要做的内容后，可以去找同领域的、比较热门的博主，找出他们的粉丝最为关注的方面，然后就可以在这个方面去做内容，这样你的笔记就会吸引更多的用户。当你做了一段时间后，便可以开始创新，尝试做一些新的内容，然后再分析相关数据及用户画像，最后及时调整你的内容。

3. 内容生产方式的搭建

内容生产方式可以分为两种，分别是 UGC 和 PGC。其中，PGC（Professional

Generated Content，专业生产内容）也称 PPC（Professionally Produced Content）。

3.1.4　积累选题经验

有很多博主总能持续更新，仿佛不会灵感枯竭，其实主要是因为他们会积累选题，有了丰富的选题，在制作内容时才能够保持更新，这样你的用户也不会因为你断更而取消关注。一般来说，积累选题可以从两个方面入手，分别是从平台找选题和从同类博主中找选题。

1. 从平台找选题

从平台找选题又包括发现页刷笔记、搜索栏找热度、笔记灵感找灵感和官方账号蹭话题。下面分别进行讲解。

（1）发现页刷笔记

当用户点开小红书软件时，最开始便是发现页，如图3-3所示，因此发现页的笔记是最容易吸引用户目光、最好积累选题的地方。

图 3-3　发现页

一般来说，在发现页刷到某个笔记主要有两个原因，一是因为大数据了解你的喜好，然后根据你的喜好再推荐给你；二是你关注的博主或者你的粉丝之前刷到过。所以，在发现页可以很好地了解到你的粉丝的喜好。

值得注意的是，当在发现页不喜欢某一类笔记，或者想要平台多推荐一些高质量且符合定位的笔记时，可以通过在某篇笔记上长按，然后进行筛选和反馈，如图3-4所示。

图3-4　筛选和反馈

（2）搜索栏找热度

搜索栏其实是一个可以很好地了解到某个话题的热度有没有下降的方式。当你想要选择某个话题时，可以去搜索栏搜索一下。图3-5所示为在搜索栏中搜索"汉服""旅行"这两个关键词的界面。通过在搜索栏中搜索这两个关键词，可以看出，搜索栏中会出现很多的相关词条，而且还会告知用户这个词条的笔记数量，比如汉服有365万+篇笔记，旅行有1378万+篇笔记。

图3-5　搜索"汉服""旅行"这两个关键词的界面

值得注意的是，在搜索页中，一般排名越靠前的，搜索的人数也越多。点开相关的关联词，就可以找到需要细分的话题，如点开汉服发型，便可以得到无发包汉服发型、中长发汉服发型、汉服发型教程等，如图3-6所示。

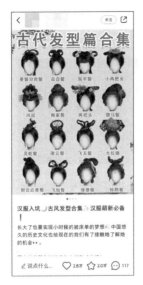

图3-6　细分话题示例

（3）笔记灵感找灵感

当博主没有灵感时，可以去平台的"创作中心"的"笔记灵感"中找灵感，如图3-7所示。在"笔记灵感"中还包括了官方活动，博主只需点击旁边的"去发布"按钮，即可发布相关的笔记。

图3-7　笔记灵感

（4）官方账号蹭话题

小红书平台有许多官方账号，有的领域也会有官方账号，比如美妆类有美妆薯、穿搭类有潮流薯，如图3-8所示。

图3-8　官方账号

当你没有选题时，可以关注同领域的官方账号，一般这些账号都会发布优秀笔记案例或者一些有奖活动。图3-9所示为家居薯发布的有奖活动。

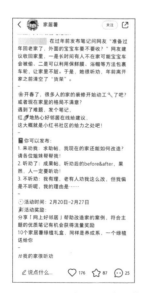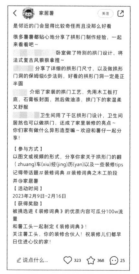

图3-9　家居薯发布的有奖活动

2. 从同类博主上找选题

从同类博主上找选题可以帮助你提高内容的垂直度，也更容易了解用户的喜好。一般来说，从同类博主上找选题又包括以下3个方面。

（1）参考同类博主

博主不知道策划什么选题时，可以找和自己账号定位差不多的优质博主。例如，你的定位是微胖穿搭，那么便可以找一些微胖穿搭的博主参考他们的内容，他们的笔记往往有着很大的参考价值。

记住，可以参考，但不可以照搬抄袭。你可以通过组合法和替换法两种方法来找选题。下面来看一下如何使用这两种方法。

组合法是指将几个同一选题下的题目拆解，然后提取其中的关键词，再进行组合。怎么实施呢？以读书笔记作为关键词，可以将其组合成各种标题，如图3-10所示。又比如，以寒假计划作为关键词，可以组合为"寒假逆袭计划，快速与同龄人拉开差距""大学生寒假计划，让寒假最大化提升自己""学霸寒假计划表，让你弯道超车轻松逆袭"等。

图 3-10 读书笔记

替换法是指将一个原有的标题替换来用，比如"这是王维诗里的××吗？"这个句式原是出自一个动画，该部动画主角主要是为了表达他送的红豆有着特殊的含义，也即相思之意。现在很多博主便运用其中的含义来代表自己所创作的东西是特殊的，然后根据这个热门句式来创作标题，如图3-11所示。

图 3-11　利用热门句式创作的笔记

（2）借鉴爆款笔记

借鉴爆款笔记不仅仅是借鉴别人的笔记，也包括自己的。你可以在自己爆款笔记的基础上，进行加工创新，然后制作出一个新的笔记。可以从以下两个方面来创新。

① 侧重点。同一个选题，侧重点不同，创作出来的内容也不同，比如同样是以下班后可以做的几件小事为选题，一个侧重点在于摆脱疲惫感，而另一个侧重点在于提升自我，如图3-12所示。

图 3-12　同一选题侧重点不同的示例笔记

② 内容创新。同一个选题也可以进行内容创新，如干货分享类。图3-13所示为内容创新的示例笔记。这两篇笔记都是关于给大学生的建议的，一个是摆脱迷茫，另一个则是在原来的基础上进行创新，即给出具体的建议内容。

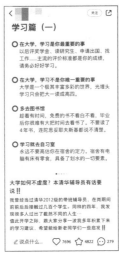

图 3-13　内容创新的示例笔记

（3）记录热门评论

当博主发布一些内容时，可以在评论区引导大家互动，然后在热门评论中找到大家喜欢的内容，再进行创作，这样便能够吸引大多数人的关注，持续留住自己账号的用户。图3-14所示为记录热门评论的笔记。

图 3-14　记录热门评论的笔记

3.2 抓住选题方向，提高热度

有一个好的选题是一篇优质笔记的基础，往往一个热门的选题能够给笔记带来非常高的初始热度。本节将讲解如何才能抓住热门选题方向。

3.2.1 参考热门话题

小红书作为一个分享型平台，以记录用户生活为核心，因此在小红书平台中存在着各种各样的话题，因此选题方向众多。在思考如何选题时，可以参考已有的热门话题。

1. 女性向话题

在中国的经济市场中，女性消费占比较大，对经济社会起着非常重要的作用。而且小红书作为社交分享型平台，具有一定的消费功能，更能满足女性的消费欲望，因此在小红书中，女性是消费的主力军。图3-15所示为小红书中男女性用户比例，可以看出，女性用户比男性用户更多。

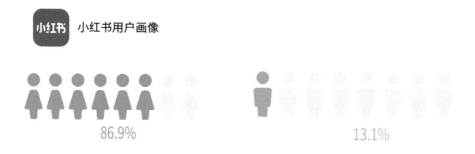

图 3-15　小红书中男女性用户比例

此外，在一个家庭中，往往女性扮演了多种角色，且掌握了消费决策权，也就说明了女性的消费市场是一个潜在的广阔市场，所以女性向的话题往往是热门话题。女性向话题有以下几类。

（1）彩妆

毫无疑问，彩妆必是其中之一。在小红书中，20～30岁之间的女性占比较大，而彩妆是她们日常关注的重点之一。

一般来说，彩妆类话题的笔记主要包括4种，第1种是彩妆单品推荐的笔记，如图3-16所示。第2种是试色类笔记，如图3-17所示。值得注意的是，在小红书平台中，这两种同质化比较严重。

图 3-16　彩妆单品推荐的笔记

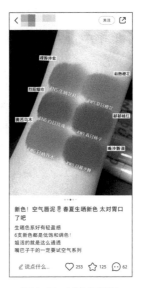

图 3-17　试色类笔记

　　第3种是仿妆类笔记，如图3-18所示，仿妆教程对博主的技能要求比较高。如果在仿妆类笔记中加入教程的话，也会吸引更多用户关注。第4种是化妆教程类笔记，如图3-19所示。

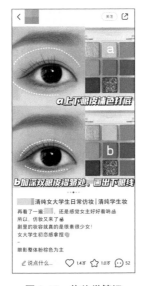

图 3-18　仿妆类笔记

图 3-19　化妆教程类笔记

（2）护肤

护肤也是女性向话题中必不可少的一个话题。现在的女性越来越注重保养自己的皮肤，因此也就产生了许多关于护肤类的笔记。

目前，在小红书中，护肤类笔记的话题通常有护肤单品的推荐、护肤知识的科普等，如图3-20所示。

图3-20　护肤类笔记

（3）美发

头发的打理也是女性关注的一个热门话题，每当女性出去游玩、约会时，她们往往也会将头发的打理当作重要一环。

在小红书平台中，美发一般包括发型设计、编发教程、头发护理、烫染的设计等话题，如图3-21所示。

 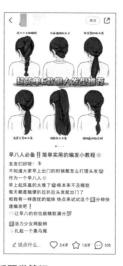

图 3-21　美发话题类笔记

（4）时尚

时尚这个概念比较宽泛，如时尚单品、时尚穿搭等，因此可以根据其排行等相关信息，选取合适的关键词。

（5）穿搭

所谓衣食住行，衣是首位。从一个人的穿搭往往能够看出这个人的性格。如今，越来越多的女性注重改变自己，不光是从发型、妆容等方面，穿搭也在其中。

小红书中的穿搭是一个比较热门的话题，因此平台官方也开设了一个官方号，为用户推送相关的穿搭指南。目前，在小红书中，穿搭笔记的内容主要是各种各样的穿搭模板，博主可以根据自己的喜好进行选择。

2. 出行攻略类话题

随着经济水平的提高，人们的生活逐渐富足，越来越多的人会在假期选择外出旅游。而网络技术的发展为人们提供了在网络上搜索攻略的机会，小红书平台中便有大量的攻略。在小红书中，出行攻略类的热门话题主要包括两个，一个是旅行，另一个是探店。

（1）旅行

很多小红书博主在自己旅行后，便会将旅途中的风景分享出来，而这些优美的图片能够吸引更多的用户关注，如图3-22所示。此外，人们在旅行之后还可以将自己的攻略发布出来，这样每当有用户想要去景点游玩之前，就可以搜索到你的这篇笔记，如图3-23所示。

图 3-22　旅行照片分享类笔记　　　图 3-23　旅行攻略类笔记

（2）探店

探店与旅行有相似之处，都是通过自己去体验，然后向用户分享自己的感受，提供种草或是排雷的建议。

3.学习技能类话题

在小红书中，学习技能类的话题所占的比重也较大。对于一些能够帮助用户提升自己知识储备的笔记，也会引起用户的观看兴趣。

（1）工作学习

工作学习一般以干货类笔记为主，如工作计划、学习计划、日常学习、时间管理等，如图3-24所示。想要选择这类话题的人最好拥有相关的理论知识，或者自身的经验和方法，然后根据自己的知识储备和经验来创作。

图 3-24　学习计划类笔记

这类博主最好是在个性签名或自我介绍中将自己的学习或工作的相关经验写进去，这样所发布的相关笔记才能更有说服力。

（2）读书笔记

读书笔记主要包括一些读书笔记的分享、书单推荐等，如图3-25所示。

（3）手工制作

手工制作的领域很广，根据不同的分类下面又有着不同的种类。这类内容要求博主具有一定的专业知识。

手工制作这个话题本身就存在着互动性和趣味性，而且简单的手工制作的技巧也不是很难。因此，一些喜欢手工制作的，并且有一定手工制作能力的人，可以选择这个话题进行创作，如图3-26所示。

图 3-25　读书类笔记

图 3-26　手工制作类笔记

（4）摄影

在学习技能中，还包括摄影类话题。很多的摄影爱好者都会分享自己拍摄的作品，一些专业的摄影人员还会在平台上讲述自己的摄影技巧等，如图3-27所示。目前，摄影在小红书平台上也拥有较高的热度。

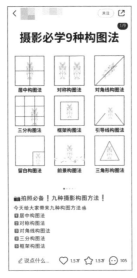

图 3-27　摄影类笔记

4. 娱乐影音类话题

娱乐影音类是大部分人最爱浏览的网页内容，因此在各大平台中，娱乐影音类话题一直都是用户关注的热门话题之一。在小红书中，娱乐影音类话题主要包括影视推荐、明星及音乐分享等。

（1）影视推荐

影视推荐，顾名思义就是将一些影视剧以视频、图文的形式分享出来。在小红书中，有的博主通过将热门电视剧或电影中的亮点剪辑出来，吸引用户去观看，或者对近期热门的电视剧进行解读，如图3-28所示。

此外，还有些博主会将自己喜爱的宝藏电视剧、电影或纪录片以图文的形式分享出来，如图3-29所示。

图 3-28　影视推荐类话题笔记（1）

图 3-29 影视推荐类话题笔记（2）

（2）明星

明星自带热度，不管是哪个平台，明星的入驻一般都能够带来一定的流量。因此，可以通过结合明星的一些相关元素类制造话题，如明星仿妆、明星同款等，如图3-30所示。

图 3-30 明星类话题笔记

（3）音乐分享

在娱乐影音类中，音乐分享也是一个热门话题，其中包括歌单推荐、主题歌单等，如图3-31所示。

图 3-31　音乐分享类话题笔记

5. 科技电子类话题

科技电子类话题也是一个热门话题，主要包括科学实验、电子产品等。科学实验最好是生活中能够实现的且安全性较强的实验，防止出现安全问题，如图3-32所示。电子产品类话题要求博主对各类产品都有一定的了解，专业性较强，如图3-33所示。

图 3-32　科学实验类话题笔记　　　　图 3-33　电子产品类话题笔记

6. 生活记录类话题

小红书的宣传语便是"标记我的生活"，因此在小红书中生活记录类的话题是必不可少的，而且不管是学生还是宝妈，都乐意在平台中分享自己的生活。目前，小红书中的生活记录类的相关话题主要有以下6种。

（1）生活日常

生活日常这个话题包含许多种类，也能够与其他话题进行合并，如工作日常、护肤日常等，如图3-34所示。

图 3-34　生活日常类话题笔记

（2）晒娃日常

在小红书平台中，晒娃也是热门话题之一。随着亲子节目的走红和网络的快速发展，越来越多的父母喜欢将自己的孩子展现在网络上。通过将孩子可爱的、搞笑的瞬间发布出来，也能够吸引一大群用户的关注。

一般来说，这类话题主要是将自己孩子的日常分享出来。如果自己没有孩子的话，可以选择一些热门的萌娃视频进行剪辑，发布主题类的萌娃视频，也能够获得用户的关注，如图3-35所示。

（3）宠物日常

一些喜爱宠物却又不打算自己养宠物的用户便会想要在网络上关注这一话题。并且，一些宠物的搞笑视频也能够很好地吸引用户的注意。图3-36所示为宠物日常类话题笔记。

图 3-35　晒娃日常类话题笔记

图 3-36　宠物日常类话题笔记

（4）搞笑视频

搞笑视频一般都是热门的话题，大多数人都喜欢在放松时观看搞笑视频。一般来说，搞笑视频的形式有很多种，如影视剧的片段剪辑、自制的搞笑视频、搞笑对话的剪辑等，如图3-37所示。

（5）家居装潢

家居装潢这类话题主要包括租房改造、家居装修、家居好物推荐等，如图3-38所示。

图 3-37　搞笑视频类话题笔记

图 3-38　家居装潢类话题笔记

（6）生活妙招

除了以上5种热门话题，还有生活小妙招话题。这类话题主要是干货整理类，其形式可以是图文、视频两种方式。

7.知识科普类话题

知识普及类话题比较广泛，可以是日常生活中的小知识普及，也可以是女性健康知识普及等，并且知识科普类的话题也是人们比较喜欢的话题，下面针对其中的一两个话题进行介绍。

（1）花草知识

花草知识是知识科普中一个比较热门的话题，一些爱花的专业人士可以将自己的相关知识发布出来，可以是花草种类的相关知识，也可以是花草种植的相关教程等，如图3-39所示。

图 3-39　花草知识类话题笔记

这类话题发布的文章有一定的价值，能让用户在观看后了解到相关的知识，并且不懂的地方可以在评论区讨论，既增强了互动性，也提高了热度，如图3-40所示。

图 3-40　用户讨论发言的评论区

（2）养生知识

随着人们的健康观念越来越强，越来越多的人开始关注自己的健康问题，并加入养生队伍。目前，养生知识也是一大热门话题，这类话题主要包括饭后养生、冬季养生、食补知识等，如图3-41所示。

图 3-41　养生知识类话题笔记

3.2.2　注重关键词

在小红书中，关键词也可以作为选题的依据之一。当你选择在关键词中挖掘选题时，可以从以下3个方面作为切入口。

1. 搜索发现

在小红书的搜索界面中，下面有一个"搜索发现"栏目，该栏目会向用户呈现近期搜索次数最多的搜索词条，如图3-42所示。

图 3-42　"搜索发现"栏目

这类词条是小红书用户搜索最多的，因此与之相关的笔记热度就会很高，且容易被系统推荐。

值得注意的是，"搜索发现"栏目里面的词条可能会根据个人的搜索习惯进行一定的调整，因此在确定选题时，一定要多了解词条的具体热度情况。

2.搜索框中的联想词

在很多的平台上，当你在搜索框中输入一个词时，便会出现与之相关的联想词，如图3-43所示。

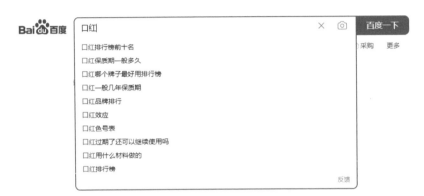

图 3-43　百度平台搜索框中的联想词

小红书也是如此，如图3-44所示，当输入"口红"及"旅行"等相关词条时，便会出现与之相关的联想词。

图 3-44　小红书平台搜索框中的联想词

一般来说，这些词往往定位精准，当点进这些词条后，所呈现的笔记的内容主题都会是你搜索的词。

3. 细分关键词

根据"搜索发现"栏目及搜索框中的联想词挖掘出需要的热门关键词后，还可以对这些词进行细分。

例如，在"租房改造"这个关键词中细化出"租房改造ins风"，如图3-45所示。将关键词进行细分后，缩小了选题的范围，能够更加精准地找到用户，与其他大范围相比，竞争相对较少。

图 3-45 关键词细分案例笔记

但是，在关键词中挖掘选题时，一定要注意以下两点，一是切勿在笔记中堆砌关键词，二是在标签中加入关键词，如图3-46所示。

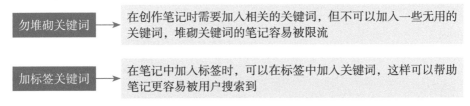

图 3-46 在关键词中挖掘选题应注意的两点

总的来说，关键词是提高笔记热度的一个重要方式，挖掘出正确的关键词并加上创新，一定会加大笔记的曝光力度。

3.3 注意相关事项，规避错误

在做一个选题时，不能盲目去做，看到什么热门就去做，看到什么有创意、能够吸引用户，也一股脑儿地去做，这都是行不通的。在做选题时，还需要注意一些事项。本节将介绍制作创意选题时，需要注意的相关事项。

3.3.1 把握用户体验

在服务行业，通常有一句话，即"顾客是上帝"，而对于小红书博主来说，用户也是非常重要的，运营好一个小红书账号的目标之一就是给用户带去良好的观看体验和使用价值。因此，当博主在运营时，一定要提前思考好你做的这个能够给用户带来什么。

例如，以护肤品的笔记为例，博主可以从两个方面来发布内容。一方面，博主可以发布一些平价好用的水乳；另一方面，可以推荐一些专门针对某一问题的水乳，将自己的内容向实用化方面发展，只有包含实用价值的笔记才能够更吸引用户的注意，如图3-47所示。

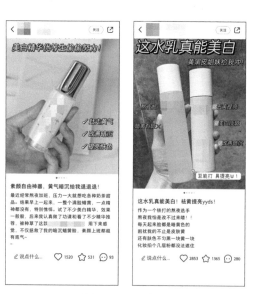

图 3-47　实用笔记

3.3.2 创新选题内容

一个爆款笔记或一个大的IP，一般都有一些共性，比如笔记新颖，当然这个新颖不仅仅是指内容，还包括形式。值得注意的是，对于新手博主来说，前期最好以稳扎稳打为主，有了一定的粉丝基础后再进行创新。

图3-48所示为与众不同的选题示例笔记。《狂飙》电视剧曾一度在网络上爆火，很多博主都会蹭热度，通过剪辑视频剧情高光或者发表图片分析其中的剧情和人物形象，但是这个博主独辟蹊径，产出种草《孙子兵法》的笔记。

3.3.3　选择互动性题目

做一个账号，最重要的是用户，有了用户的观看才会有收藏、点赞和评论，所以在输出内容时，

图 3-48　与众不同的选题示例笔记

应该以用户为主，选择一些互动性强的题目，这样才能吸引用户来评论，如图3-49所示。

图 3-49　互动性强的选题示例笔记

3.3.4　避开敏感词

一些博主发出一个笔记后，不知道为什么自己的数据非常差，评论、点赞的人数都比较少，但是之前发的笔记的数据都比较好，有可能是因为这个笔记的标题或内容中涉及了一些敏感词。如果一篇笔记中带有敏感词，那么平台便不会给你推荐流量，因此你笔记的播放量、浏览量便会非常低，有时甚至没有。

因此，在发布内容之前，首先要了解平台中的一些规则，了解有哪些敏感词是不能够使用的，这样在做笔记时，才可以很好地规避掉这些词汇。

3.3.5　抓住热点时机

热门词汇虽然带来的用户多，但是竞争也非常激烈，因为同一个话题被许多的博主用来制作笔记的话，那么用户便会出现审美疲劳，博主之间的竞争也会加大。而且，这个热点往往是有时效性的，如果你制作出来的内容花费的时间过长，往往会错过，导致你的笔记无人问津。

针对一些可预见性的热门事件，如双十一、端午节、双十二等，可以提前做好准备，然后再在适当的时间发布出来，如图3-50所示。对于一些突发性的热点，则需要紧急制作，以防错过热点的时间。

图 3-50　蹭热点的示例笔记

第4章

爆款标题：能够抓住眼球的好文案

　　不管是在什么平台，也不管发布什么样的内容，一个好的标题都能极大地提高自己小红书笔记的被打开率，让用户被你的笔记所吸引，从而愿意点击进去查看你的笔记，甚至愿意关注你的账号。因此，学会如何拟写标题文案是十分重要的。

4.1 学习标题写法，打造爆款

标题是吸引用户眼球的首要部分，用户在进入笔记正文之前所能看到的内容十分有限。标题是用户获取笔记主题的重要来源之一。因此，打造一个极具吸引力的"爆款"标题，在某种程度上就意味着一篇优质笔记已经完成了一半。

4.1.1 掌握标题原则

其实，取标题也是有原则的。如果在取标题时，参照以下4个原则，就能够脱颖而出，如图4-1所示。

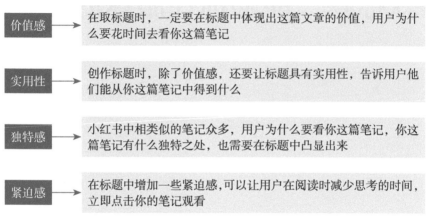

图 4-1 取标题的 4 个原则

一般来说，在取标题时遵守这4个原则，所取的标题对用户来说就会有极强的吸引力。此外，还可以在此基础上，加上一些其他有创意的东西，如加上一些小表情，可爱且生动，从而吸引用户阅读。

4.1.2 明白标题作用

在创作一篇笔记时，就好像与其他人相亲，当你的外表搭配得比较好时，别人对你的第一印象也就好。一篇好的文章，没有一个好的标题，就好像你有满腹才华但因为缺乏高颜值而被拒绝。

此外，现在是信息爆炸时代，人们很难静下心来去认真阅读每一篇文章，人们往往是在几秒钟的时间内决定是否观看你这篇笔记，因此标题起着很大的作用。图4-2所示为标题的作用。

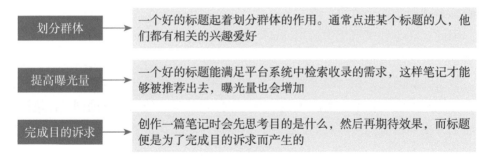

图4-2 标题的作用

4.1.3 加入符号和助词

当你向别人推荐你喜欢的东西时，往往带有很多情绪，有时你的朋友受你的情绪感染便会去看你所推荐的东西。因此，当你创作一篇推荐类文章的时，可以在标题中加入语气符号或语气助词。

例如，加入感叹号"！"，用比较夸张的语气来向别人推荐，通常这样的标题能够极大地感染用户的情绪，进而促使他们点进正文。图4-3所示为小红书中加入语气符号和语气助词的笔记，它们都在文案标题中使用了语气符号，以及"亏大了""绝了"等词语，让标题无形之中生动起来。

图4-3 加入语气符号和语气助词的笔记案例

可以看到，在以上两个笔记标题中运用了icon（图标、图符）符号，醒目的红色更加吸睛；而在右边的笔记中，在标题最后面还加入了感叹号，让其他用户能够感受到创作者的激动心情。

因此，在小红书笔记中运用icon符号和语气符号，能够激起用户的兴趣，从而被创作者的热情感染。

值得注意的是，在一篇文章中不能过于频繁地使用语气符号和语气助词，否则会让用户产生一种不靠谱的印象。因此，如何正确地使用语气助词，让笔记标题看上去更加活泼，从形式上抓住用户的眼球也是非常重要的。

4.1.4 使用关键字

虽然小红书社区的内容输出以图片为主，但标题的重要性也不可小觑。标题是对笔记内容的一个总结与概括，用户在小红书中使用搜索功能搜索自己感兴趣的内容时，标题会影响到用户的搜索结果。因此，如何在标题中使用关键字，让用户搜索时能够看到你的笔记，提高曝光概率，是创作者和运营者需要重点关注的要点。

在标题中包含关键字，如"穿搭""变美""打卡""夏日""文艺"等都是小红书的热门关键字。此外，在首图中添加标签，为笔记添加话题，同样也能提高笔记的曝光率。图 4-4 所示为在小红书中添加了关键字、标签和话题的笔记案例。

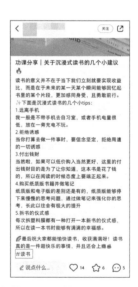

图 4-4 添加了关键字、标签和话题的笔记案例

可以看到，在这篇分享自己读书心得的笔记中，创作者在标题中加入"沉浸式读书"这样的关键字，在首图中加入"沉浸式读书"的热门标签，最后又在笔记中添加了"读书"的话题。

4.2　参考标题模板

标题是别人是否愿意点击你的笔记的关键，当标题足够吸引别人时，便成功一半了。

那么如何才能创作出一个好的标题呢？本节就来介绍几个热门的标题模板，通过参考这些模板，你的标题写作水平也会更上一层楼的。

4.2.1　掌握数字化标题

数字化标题，也即"数字+核心关键词"的搭配。有时在标题中加入数字能够产生许多意想不到的效果。对数字敏感其实是人类天生的，每当出现数字时，人们往往会更容易接受，因为数字的出现会使得信息简化和量化，让人们更加容易记住，如图4-5所示。

图 4-5　数字化标题笔记案例

并且，数字的出现也更具冲击性。例如，将标题《研究了1000个爆款文章后，我得出了这样的结论》中的数字去掉，就变成了《研究了许多爆款文章后，我得出了这样的结论》。两者相比较而言，前者标题中蕴含着数字，用户知道博主究竟研究了多少，而后者仅仅是一个虚词，100个也可以是许多。

4.2.2　掌握热点型标题

蹭热度标题，顾名思义，就是将当下比较火的热点事件融入标题中，这样你的笔记的阅读量才会有所提高。

热点是指某个时期内最受大众关注的事件或新闻等，也就是说，热点本身就带有很大的关注度，因此如果在你的笔记标题中加入相关字眼，大众通常都会点击观看。

一方面也是想看看有没有更多关于这个事件的信息，另一方面也是想看一下你对这件事的看法。如果你的看法与大众一致的话，有可能他们也会在评论区中与你进行讨论。

当然，蹭热度时一定不要成为标题党。不能在标题中带入热点，在正文中却是牵强附会，这样很容易引起用户的反感。

图4-6所示为运用了蹭热度型标题的笔记案例。热播剧《开端》受到了大众的热捧，剧中的公交车、红色袋子高压锅、无限流、卡农等都成了流行的热点，下面两个笔记中就通过加入相关的元素，蹭《开端》这部剧的热点。

图4-6　蹭热度型标题的笔记案例

值得注意的是，在蹭热点时，一定要与自己的账号定位相符合。以上面两个例子来说，前者博主本身就是小说博主，后者也是绘画博主，只是加入了《开端》这部剧的热点元素。

4.2.3 掌握对比型标题

对比型标题能够给用户带来强烈的反差感，进而影响用户的点击行为，如图4-7所示，用"崩溃""自愈"和"治愈"等词体现出情绪的反差对比，展现出生活的困难，进而鼓舞大家克服困难。

此外，还有一种对比方式是通过与同类产品进行对比，来突出自己产品的特色优势，加深用户对产品的认识。下面就来欣赏一下对比凸显式标题的小红书笔记，如图4-8所示。

图4-7 对比型标题笔记案例（1）

图4-8 对比型标题笔记案例（2）

★ 专家提醒 ★

对比凸显式标题还可以加入悬念式标题，能更加凸显出商品的特色，吸引用户的注意力，这样的小红书笔记标题既用了对比又有悬念，很符合当代小红书用户的口味，如《为何别人躺着能赚钱，而"我"却要上班？》等。

4.2.4 掌握"十大"型标题

扣住"十大"的意思是指在标题中加入"10大""十大"之类的词语，例如《2022年十大悬疑类电视剧推荐》《长沙旅游必去的十大景点》《揭秘！行业的十大内幕》等。

图4-9所示为扣住"十大"型标题的笔记案例。用好"十大"型标题，能够使小红书笔记吸引更多用户的关注。

图 4-9 扣住"十大"型标题笔记案例

一般来说，这种类型的标题有3个主要特点，如图4-10所示。

图 4-10 "十大"型标题的特点

4.2.5 掌握好奇型标题

人们都是有好奇心的，每当看到话说一半的标题，总会忍不住想要去点击查看内容，那么该如何激发用户的好奇心呢？

要想激发用户的好奇心，让他们没有顾虑地点击进来，最有效的办法就是话说一半。也就是将关键内容在标题中隐去，以结果为导向，进而勾起用户的好奇心。例如，《一个月涨粉10000，变现2000，我做对了什么》《两个月时间成功上岸，我是怎么做到的》等。

可以看出，这两个标题都直接告诉了用户结果，而且这个结果是很好的，说明这个方法是有效的，但是具体是什么方法却没有直接说出来。

其实，这种情况在现实生活中也很常见，有时身边的朋友在和你讲述一个事件的时候，并不直接告诉你，而是吊着你的胃口。但是当你被激发起好奇心时，朋友却不说了，此时就想要朋友快速将事件说出来，而这就是你的好奇心旺盛的原因。

值得注意的是，这种标题最好和数字化标题两者结合起来，数字化的标题能够给用户一种直观的感受，这样才更能激发用户的好奇心。例如上面的第一个例子《一个月涨粉10000，变现2000，我做对了什么》，把这个标题改为《一个月快速涨粉，实现变现，我做对了什么》的话，两者相比较，后者的说服力较弱，而前者直接将数据摆出来，使得前者的标题更能吸引用户。

图4-11所示为激发好奇型标题笔记案例，这两个样式都与数字化标题相结合，给用户一个结果，进而让他们点进正文观看博主实现的过程。

图 4-11　激发好奇型标题笔记案例

4.2.6　掌握论述型标题

论述观点型标题是指以表达观点为核心的一种小红书笔记标题撰写形式。这种标题模板一般会在标题上精准到人，而这些人既可以是明星，也可以是在某方面有着丰富经验的权威人士。通常模板是将人名放置在标题前，而后紧接着补充这个人对这件事的观点看法。

在论述观点型的小红书笔记标题中，同样也有几种常用公式可供广大博主和创作者们套用，如图4-12所示。

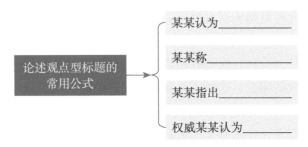

图4-12　论述观点型标题的常用公式

图4-13所示为小红书平台中运用论述观点型标题的笔记。这种笔记通常能够得到众多用户的青睐，因为大众往往对专家的观点更加认同。

图4-13　论述观点型标题笔记案例

在这两篇小红书笔记中，博主在标题里面加上了"专家"的字眼，表明了自己的身份，并且第2个笔记还在标题中加入了"世界著名心理学专家"的字眼，这样一来，笔记中的内容就更加具有说服力了。

论述观点型标题一般有两种作用，一种是通过名人效应，提升品牌知名度或曝光度，让更多人看到自己发布的笔记；另一种是通过引用权威人士的发言，让自己发布的笔记更具有说服力。一般来说，用户会更愿意相信权威人士或知名品牌的发言。

4.2.7　掌握选择型标题

选择型标题通过在标题中给予用户两种选择，一些选择困难症的用户或无法做决定的用户便会点击这类笔记观看。

图4-14所示为运用了选择型标题的笔记，两者都给予观众两种选择，然后分别分析它们的不同，从而让用户有一个自己的答案，因此这种标题也会有一部分用户很喜欢，很愿意点击阅读。

图 4-14　选择型标题笔记案例

4.2.8　掌握网络词汇型标题

网络词汇型很好理解，就是将当时最热的一些网络词汇运用到标题中。一般来说，这些词汇都是当下比较火的，用户在浏览时也会觉得很熟悉且有新意，便会尝试点击进去查看内容。

图4-15所示为运用网络词汇型标题的小红书笔记案例，显得文章内容与时俱进，让用户感到妙趣横生。

图 4-15　网络词汇型标题笔记案例

★ 专家提醒 ★

"绝绝子"一词是当前热门网络词汇，形容某物、某人在外表或某方面很棒，"很绝"，让人为之赞叹。

"凡尔赛"又称"凡学"，本义是指法国凡尔赛宫，后演变成为网络语言，用来形容"精神贵族"。

4.2.9　掌握经验分享型标题

在小红书平台中，经验分享类的笔记更加受用户欢迎，因此经验分享型的标题更受用户喜爱。一方面是因为小红书平台的特性，另一方面也是因为小红书中的用户都是带有目的性的姿态去阅读小红书笔记的，他们通常想要在笔记中汲取某一方面的经验和总结。

这类标题对于创作者而言要求相对较高，特别是在逻辑性方面，要将自己的经验整合发布，要让用户能够看得懂并且知道该怎么做。可以通过对大量的文章进行对比，然后加入自己的生活经验总结出一个让人眼前一亮的笔记，让他们在读过之后尽量少走弯路。

第5章

文案策划：写出吸引人的爆款文章

一个优质的电商文案，能够快速吸引用户的注意力，让发布它的小红书账号快速增加大量粉丝。那么，如何才能写好文案，打造用户感兴趣的内容，做到吸睛、增粉两不误呢？本章就来教给大家一些实用技巧。

5.1 了解笔记文案，完善写法

在小红书中如何写笔记文案才能吸引更多的用户呢？本节就来看看好的文案都有哪些基本原则、特征，以及如何运用爆文技巧。

5.1.1 遵守文案原则

要想写好一篇好的笔记，必须遵守以下几个原则。

1. 关键词

一个好的文案，关键词起着非常重要的作用。一些符合商家产品特点的关键词、行业关键词、品牌词等都是一个文案的必需品。此外，小红书平台内部的热点词、流量词等也可作为关键词放置在文案中，这些词也能够给笔记带来很多流量，所以做小红书一定要有一个清晰的关键词定位。

2. 展现方式

小红书中的笔记有两种呈现方式，一种是图文式笔记，另一种是视频类笔记。两种方式各有优缺点，视频类的笔记能使更加直观地了解到产品的情况，并且流量和曝光量都相对较大。图5-1所示为口红产品推荐的视频笔记，通过视频真实地展现出口红产品的情况，还向观众呈现了使用的具体情况。

 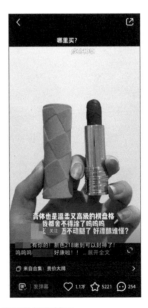

图 5-1 口红产品推荐的视频笔记

一般来说，技术类笔记及需要输出大量经验的笔记更适合选择图文类笔记，如图5-2所示。品牌主可以根据自己产品的特点及需求来选择不同的呈现方式。

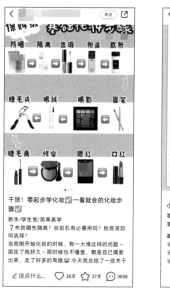

图 5-2　技术类图文笔记

3. 小红书平台属性

每个平台有每个平台的规则，小红书中也有一套收录机制。在小红书中，并不是所有的笔记都能被收录，一些质量较差的、充满负能量的内容，小红书便不会收录。一旦笔记内容不被收录，那么你所写的笔记也就没什么意义了。

4. 用户体验

用户体验是博主在写笔记时需要考虑的一个重要问题，如果你写的文章过于专业，内容大多都是专业用语且不加以解释，粉丝阅读起来便会很困难，从而影响用户体验。

而如果你的笔记过于简单，则粉丝会觉得笔记的价值不大，也不会被你的笔记所吸引。所以，在写文章时，一定要把用户体验考虑进去。值得注意的是，用户体验包括阅读体验和视觉体验。

（1）阅读体验

阅读体验是指阅读时的感受，如果通篇都是错别字的话，那么粉丝的阅读体验肯定不好，但是如果笔记有一个好的排版，那么粉丝在阅读时也能快速地了解到产品的重要信息。图5-3所示为排版好的笔记，这样的笔记通常让用户一眼就知道你所表达的内容，能让用户有一个好的阅读体验。

图5-3　排版好的笔记

（2）视觉体验

在写图文推广笔记时，如果加上一个精美、可爱或生活化图片的话，能够很好地拉近与粉丝之间的距离，给予粉丝一个很好的体验，如图5-4所示。

图5-4　视觉体验好的笔记

5.1.2　知晓爆文特征

了解了文案的基本原则后，还需要提前知晓爆文有哪些特征。只有知道了爆文的特征，才能更好地写出吸引众多用户的爆文。

1. 真实、有趣的原创内容

在小红书平台中，如果不是原创内容的话是不会被系统收录的，并且如果被发现存在搬运等行为，还会对部分违规博主进行公示。

小红书虽然在快速地发展，但是其仍然把原创作为重中之重，严格把控各种笔记内容的筛选。

此外，在保障内容是原创的基础上，笔记的内容最好是真实、有趣且生动的，如果你的笔记内容很枯燥且非常直白，是没有办法吸引到粉丝的，而且也会影响你的笔记的阅读量。图5-5所示为手工视频笔记，其内容是博主自己制作的手工作品。

图 5-5　手工视频笔记

2. 笔记类型

一般来说，小红书中的笔记分为很多类，最常见的为分享型、技术型和攻略型等3类。当你的笔记有明确类型可分时也是容易被推荐。

3. 精美的图片、有趣的短片

当你的图文笔记被推荐到首页时，你的第一张图往往会被作为封面，所以第一张图最好是一张精美的图片，或者是能够引发粉丝好奇的图片，这样粉丝才会愿意点进去看。

对于视频类的笔记来说，最好有真人出镜，确保真实性，同时有趣的内容往往能够吸引更多用户，并让他们"驻足"。

4. 关注热门话题、大V动态

大V往往能够快速捕捉到最新的热门话题，因此可以先提前关注一下大V的动态，及时地与热门话题接轨，这样你输出的内容也就不会落后。

5. 贴近用户角度

你所产出的笔记内容的对象是用户，所以要站在用户的角度，学会换位思考，考虑用户的需求及爱好，当然不能仅仅一味地迎合用户的喜好，也要有自己的个性和立场。

5.1.3 使用爆文技巧

仔细观察可以看出，一篇爆文不仅有新颖的题材，而且其内容必定也十分充足且具有实用性。除了题材和内容，爆文还需要在以下几个方面进行改变。

1. 标题文案

在首页推荐中，除了封面图，便是你的标题了。因此，如果图片不够吸引观众，就可以用标题的文案进行弥补。比如可以通过设置悬念的方式来激发用户的好奇心，或者采用类比的方法来激发用户的兴趣。

2. 评论

在小红书中，评论的权重高于点赞和收藏，评论多的笔记往往比收藏、点赞多的笔记更能被系统推荐。因此，在自己的笔记中，一定要与粉丝多互动，与评论区的粉丝做朋友，这样才能使你走得更远。可以通过以下两种方式来增加评论的互动性，如图5-6所示。

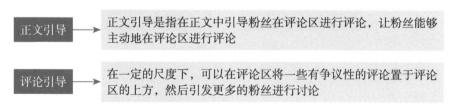

图5-6 增加评论互动性的两种方式

3. 自我介绍

在日常生活中，快速认识一个人最好的方法是自我介绍。例如，在招聘过程中，公司的人事往往会让求职者进行自我介绍，以便更好地了解对方是否适合招聘岗位。同样，在小红书中，要想让粉丝快速了解自己，就必须在自我介绍中清晰、完整地介绍自己的专业身份，让粉丝知道自己能在你这里获得哪些价值。值得注意的是，这个自我介绍要有一定的专业性，不能过于营销化，但可以个性化。

4. 做内容矩阵

所谓内容矩阵，就是当你在做一个账号时，你没有一定的把握该账号能够成功，就可以尝试多运营几个账号，做精细化运营。一般来说，仅做一个账号就能成为头部账号的概率是微乎其微的，所以可以尝试去做内容矩阵。

不管你的粉丝数量多少，当你用多个账号同步发布相关的内容时，你笔记的曝光度及吸粉率都是叠加的。因此，与其花费大量的时间去做一个优质账号，不如尝试做内容矩阵。

要想做好内容矩阵，需要做到以下3点，如图5-7所示。

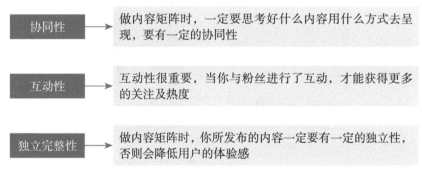

协同性　　做内容矩阵时，一定要思考好什么内容用什么方式去呈现，要有一定的协同性

互动性　　互动性很重要，当你与粉丝进行了互动，才能获得更多的关注及热度

独立完整性　　做内容矩阵时，你所发布的内容一定要有一定的独立性，否则会降低用户的体验感

图 5-7　做好内容矩阵的 3 点

5. 发布时段

小红书具有一定的推送规律，了解了这些推送规律，便可以很好地提高笔记的热度。

小红书是一个内容型的平台，并且内容大多是休闲娱乐类，因此小红书会根据用户的阅读习惯来推送，且会避免上班的时间。

一般来说，小红书的推送时间是上午9:30、中午12:00～13:30、下午18:30和晚上21:30左右这4个时间段。

5.2　创作爆款文案，吸引用户

一个好的文案能够吸引用户点击你的笔记，增加阅读量。本节就来介绍一下创作爆款笔记文案的方法。

5.2.1 明确卖点

只有主题明晰,用户在看你这篇文章时才能更好地阅读。如果你仔细观察的话,会发现每一篇爆文都有一个非常明晰的主题,在笔记中,博主会说明自己文章的主旨内容或者放上相关的链接等。

此外,还可以在图片中将自己的主题突出出来,因为在首页推荐中,最先出现在粉丝面前的是图片,然后才是标题,而且与标题相比,图片的比重更大,所以可以在图片中突出你的主题,如图5-8所示。

图 5-8 图片中突出主题的笔记

5.2.2 理清结构

一般来说,大部分人在面对一大堆文字时通常会有排斥的念头,所以在写笔记时一定要将自己的笔记精简,做到结构分明,不要使用太多的形容词、修饰词,能将自己的意思表达清楚即可。

例如,"哈喽,今天我又来跟大家分享好物啦!之前因为皮肤出现红血丝所以很惆怅,前后用了很多产品都没见好,别人介绍的牌子如雅漾、理肤泉等各种品牌都觉得不适合我,还好后来有个朋友给我介绍了这个——资生堂的抗血丝面霜!"

看起来例子好像没什么问题，但要知道现在的人都不喜欢看文字，能够精简地说出重点会让人更喜欢。

例如，"今天来分享好物了！我的皮肤一直有红血丝的情况，都说每个人的肤质都不同，所以那些口碑好品对我来说都没用，而最近入手的资生堂却让我有点意外。"在写的时候如果可以留悬念的话，会更吸引人把文章看完。

其次，结构一般可以按照"引入+问题+经验方法（软植入）+试用后感受"来写，这样可以很好地增加文章的真实感，也比较一目了然。

最后，建议大家在写的时候把字数控制在600～800左右，太长的文案一般大家不太喜欢看，简单直接地将有吸引力的东西写下即可。

5.2.3　分析模板

无论是哪个平台，如果仔细观察的话，会发现爆文一般都是有模板的。值得注意的是，平台中也存在一些爆号，这些账号无论发布什么文章，都会有很多阅读量，其流量与热度都很高。

在小红书中，因为平台的大数据算法比较厉害，因此账号标签也很清晰，系统会根据这些标签推荐你所感兴趣的话题。

因此，当你选择做一个账号，选择写一个文章时，你可以在平台中搜索相关的关键词，看看最新的笔记流量及热度有多高。

如果该关键词的流量较好，那么这个关键词便是官方目前比较关注的关键词，系统就会给予一定的推送支持，你便可以根据该关键词文章的相关模板进行分析，取其精华写出一篇具有自己个性的笔记。

5.2.4　保持个性化

上面说到，在分析了相关的文章模板后，要创作出一篇具有个性化的笔记，最好是能够有自己独特的风格，并且在创作时每篇都能够保持这种风格。除去内容的质量以外，写作方式及结构往往也能吸引到一定的粉丝。

如果说爆文及爆号还存在一定运气的话，有固定的个性化内容输出的账号则会拥有一批忠实的粉丝，并且这些粉丝是比较固定的，所以在写作时，要有固定的个性化内容，但是要记得推陈出新。

5.3 运用文案术语，赢得粉丝

在小红书的文案中，运用一定的术语不仅可以达到卖货的目的，有的甚至还能吸引用户注意，从而让博主赢得众多粉丝，也让商家、企业后续的产品宣传与种草更顺利。

5.3.1 具有因果逻辑

一个良好的因果逻辑能让你的小红书种草文案更加具有说服力，尤其对于想要达成流量转化的爆款文案而言，其逻辑性更是十分重要，可以说得上是必备利器。

那么，该如何使得自己的小红书种草文案更具逻辑性？笔者认为，需要事先理清逻辑的3个要点，如图5-9所示。

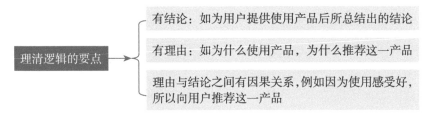

图 5-9　理清逻辑的 3 个要点

5.3.2 提供现身说法

现身说法实际上是让使用过产品的用户提供反馈，从而让其他用户对产品有一个更加全面的了解，而且其他用户会对这种反馈类的内容更为信服，他们也会更愿意通过用户反馈来了解产品。图5-10所示为用户在小红书社区反馈产品的笔记。

图 5-10　在小红书社区反馈产品的笔记

5.3.3　适当使用自黑

自黑，顾名思义就是自我贬低，而且用的是一种不留余地的手段。商家企业通过自黑式的文案创作方法，把产品区别于其他同类产品的特征展现出来，在接地气的同时又能让用户对你的产品记忆深刻。

需要注意的是，在进行自黑时，商家企业暴露的是一些无关痛痒的缺点，展示出来的却是至关重要的优点，通过欲扬先抑的手法向用户种草产品，如图5-11所示。

图 5-11　自黑式的标题文案笔记

此外，自黑式的文案重要在一个"自"字上，商家企业最好不要"黑"其他品牌，就算是一种开玩笑的方式，如果对方不加以回应，那么商家企业就会落入一个尴尬的境地；如果"黑"得过度，又会伤害两家企业品牌之间的和气，反而对产品及品牌的宣传没有益处。

5.3.4　学会做加减法

给你的小红书种草文案做加法就是在文案中加点憧憬、情境和情绪；做减法就是减掉文案中的形容词、负能量和专业化描述。做好加减法能让你的种草文案更加灵活，更具种草效力，下面将介绍做好加减法的方法。

1. 做好加法

要想做好加法，可以在文章中加入一些憧憬、情境、情绪等。

（1）加点憧憬

就是在种草文案中添加一些关于产品的美好联想，如使用产品时的场景、产品给用户带来的美好感受、使用产品后的情景等。

图 5-12 所示为两篇文案中加了憧憬的相关笔记。第一篇通过写自己的一些焦虑及观看了推荐的纪录片的感受，让处在同一状态中的用户能够快速接受；第二篇通过描述使用后的感受来向大家推荐这款产品。

图 5-12 加了憧憬的笔记

（2）加点情境

添加用户可能会用到产品的一些情境，打消用户对产品的疑虑，让他们下定决心购买产品，如图5-13所示。

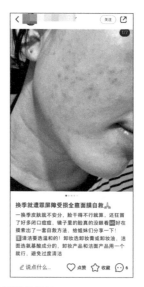

图 5-13 加了情境的笔记

（3）加点情绪

在文案中添加用户的一些心理活动，如焦虑、激动等，使产品成为用户的"知己"，如图5-14所示。

图 5-14　加了情绪的笔记

2. 做好减法

除了加法，也要做好减法，至于要减哪些内容呢？将下列3点减少即可，如图5-15所示。

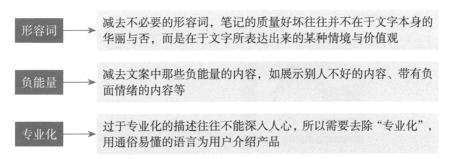

图 5-15　减法内容

5.3.5　利用种草句式

虽然在种草营销中有许多经典的文案，但将其总结起来，就不难发现它们都有相同的句式。因此，如果能好好利用这些种草句式，套用其模板，就能让自己的种草文案事半功倍。具体来说，常见的种草句式如下。

① 再……，也……

② 今天……，明天……

③ 世界上只有两种人，一种……，一种……

④ 三分……，七分……

⑤ 要么……，要么……，如图5-16所示。

图 5-16 运用"要么……，要么……"句式的笔记案例

⑥ ……有多……，……就有多……，如图5-17所示。

图 5-17 运用"……有多……，……就有多……"句式的笔记案例

⑦ 没有……，就没有……

⑧ 哪有……，只是……

⑨ 多一点……，少一点……

⑩ 不是所有的……都叫……

5.3.6　使用对比方法

用户在购买产品时通常喜欢"货比三家"，通过产品对比买到物美价廉的产品。因此，在撰写种草文案时，也可以使用对比的方法突出展示自己产品在某方面的优势。

进行产品对比，能够让用户"眼前一亮"，从而实现用户到消费者的转型。图5-18所示为小红书中通过对比展示产品优势的笔记。

图 5-18　对比展现产品优势的笔记

第6章

文案配图：用图片提升文案高级感

在小红书平台，KOL使用的主要内容输出形式就是图片、文字和视频，一个好的笔记图片能够极大地吸引用户眼球，从而让自己的小红书笔记获得更高的曝光度。本章为大家分享一些小红书笔记图片的实用拍摄和设计技巧。

6.1　掌握拍摄技巧，运营账号

在小红书社区，图片和视频已经成为主要的内容输出手段，用户们乐此不疲地在平台分享自己的精致生活与购物心得，小到一支笔，大到一次人生抉择，KOC（英文全称为Key Opinion Consumer，关键意见消费者）和KOL（英文全称为Key Opinion Leader，关键意见领袖）们都要与其他用户分享。

因此，如果想要运营好小红书账号，使其吸引更多粉丝，掌握一手好的打卡照技巧是十分有必要的。相比其他年龄段的人而言，年轻人通常更相信同龄人的分享，并且小红书上的"打卡"具有很强的可复制性，能让其他用户跟风。所以说只要能拍出好的打卡照，那么博主就不愁变成"网红"。

6.1.1　注意采光问题

不管是在室内还是室外，打卡照中最考验人的永远都是光线问题。除非有特殊要求，如果光线太暗，拍出来的照片黑成一团，不仅无法体现出打卡的美感，还会给后期增加难度；如果光线太强，则会让照片过于刺眼，难以表达出拍摄者的情绪。

因此，如果是拍摄室内打卡照，可以让人物尽量在靠近窗户的地方，这里的光线比较好，既不刺眼又不会太暗，可以很好地展示出人物主体，如图6-1所示。

图 6-1　靠窗拍摄突出人物主体

此外，如果是在夜晚拍摄，而拍摄者没有很好的拍摄技巧或者后期技术，本书不太建议人物主体站在很亮的顶灯下面，这样拍出来的图片会因为光线过于刺眼而失真。

6.1.2　注意画面构图

对于一张照片来说，一个好的构图能增加照片的美感，尤其是在小红书平台，照片作为用户对该笔记印象的首要影响因素，在笔记的引流方面起着十分重要的作用。因此，笔记的创作者要重视图片构图，良好的构图可使照片更加吸睛。

通常来说，小红书的打卡照都是在室内拍摄的，室内场景没有室外那么空旷，但却拥有众多小物件，如家具、盆栽等。拍摄者如果能利用好这些细节感"爆棚"的小物件，将其作为前景，就能轻易拍出层次感丰富的照片。

使用前景构图的打卡照片，过滤掉场景中的多余元素，可以更加凸显人物主体。目前，有两种前景构图的技巧，一种是利用场景自带的细节作为前景，如图6-2所示；另一种是自行布置符合场景氛围的前景，如图6-3所示。

图 6-2　利用场景的前景构图打卡照片

图 6-3　自行布置的前景构图打卡照片

通过运用多种前景作为构图要素，能够使得画面更具层次感，也会让其他用户更能体会到照片带有的情绪，让照片更具故事感，增强图片的感染力。

6.1.3　注意拍摄角度

拍摄角度对于打卡照片的呈现效果也有极大的影响，角度不同，拍摄出来的成片也会有着很大不同。甚至可以说，同一个拍摄场景，变换一下角度就能直接影响到画面的结构、情绪表达等，不同角度拍摄的照片意境也不尽相同。

那么，不同拍摄角度能带来怎样不同的拍摄效果呢？笔者认为，可以将其总结为如图6-4所示的4点。

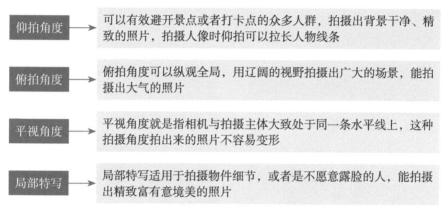

图6-4　不同拍摄角度的区别

在小红书的打卡照片中，根据不同场景、不同人物和物品，以及不同的拍摄需求，灵活选择拍摄角度，能够让自己的照片更具活力，吸引更多用户的眼球。图6-5所示为采用仰视角度（左图）和俯视角度（右图）拍摄出来的人像照片。

图6-5　仰视角度（左图）与俯视角度（右图）拍摄出来的人像照片

可以很清晰地看到，采用不同的角度拍出来的照片能给人带来完全不同的视觉感受。

仰视角度拍摄的照片以高处的天空作为背景，更为简约干净，并且这个角度还能拉长模特的身体线条，使其更具时尚感。而俯视角度则以广阔的地面作为背景，给用户带来延伸的联想，并且拍摄出来的模特会更具动感。

相比较而言，平视角度拍摄的照片会更加简单，对于设备、拍摄人员的技术水平等要求也不那么高。而局部特写要求意境感，对于拍摄设备的要求高，要求能清晰地拍摄出被摄主体的细节。图6-6所示为用平视角度（左图）和局部特写（右图）拍摄的照片。

图 6-6　平视角度（左图）与局部特写（右图）拍摄的照片

在上面的两张照片中可以看出，平视角度拍摄的照片使得照片画面不容易变形，清晰地将主体与背景纳入照片中，并且对于拍摄者而言，平视是最简单的拍摄角度。而局部特写模糊掉了背景，使得用户一眼就能注意到画面中心的蝴蝶，主体更为突出，将蝴蝶的细节全部展现给了用户。

6.2　设计封面图片，吸引注意

封面图片相当于小红书笔记的门面，一个好的封面图片能够吸引更多用户点击查看你的笔记，因此学会如何设计制作出一个好的封面非常有必要。

6.2.1　掌握封面表现形式

大家在看小红书笔记时，可以发现小红书的封面图可谓是多姿多彩，各有千秋。如果想要让自己的笔记在众多笔记中脱颖而出，被更多人看到，就需要对封面图有一个全面的认识，比如了解小红书社区上封面图的5种表现形式。

1. 纯色+文字

"纯色+文字"的封面图片能够给用户带来舒适的阅读体验，并且纯色背景上的文字一般都是对笔记内容的概括，这种简洁明了的排版模式更能吸引用户，也能让自己的小红书主页更为统一。图6-7所示为使用"纯色+文字"的小红书笔记封面图。

图 6-7　"纯色 + 文字"的封面图

"纯色+文字"的封面图类型比较适合干货类的分享笔记，在纯色的封面背景中用放大的文字点明笔记主题内容，让用户一看就能知道笔记中的主要内容。

这种封面形式的制作比较简单，而且小红书笔记的创作者还能根据笔记内容选择封面颜色。比如，当笔记的内容比较活泼时，可以选择比较鲜亮的颜色，如红色、黄色、橙色等；而当笔记内容比较严肃时，则可以选择颜色较深的冷色调，如灰色、深蓝色、褐色等。

2. 单图特写+文字

"单图特写+文字"其实与"纯色+文字"的形式差不多，都是用一张背景图打底，再用放大的文字展现笔记标题。这种"单图特写+文字"的封面形式经常被用来作为干货分享类笔记的封面，如图6-8所示。

图 6-8 "单图特写 + 文字"的封面图

与纯色背景相比起来，单图特写的背景在小红书社区中被运用得更多一点。笔记的创作者们自由选择封面图片，图片有的是自己手绘的画，有的是自己拍摄的照片，还有的是自拍。

3. 双图对比+文字

小红书社区的"双图对比+文字"的封面图片一般适用于产品推荐的笔记中，通过展示产品使用前后的不同效果，展现出产品的良好性能。在小红书App中，双图对比的封面图片经常被KOL们用来向其他用户推荐护肤品、化妆品等。图6-9所示为使用"双图对比+文字"的小红书笔记封面。

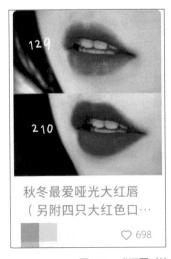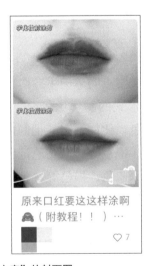

图 6-9 "双图对比 + 文字"的封面图

上面两张小红书笔记封面图就是十分典型的"双图对比+文字"的形式，两篇笔记内容都是向用户推荐美妆产品，不过一个是通过展示不同口红在唇上的不同感觉；另一个则是展示不同手法涂口红带来的不同结果。

这种"双图对比+文字"的封面图片能给其他用户带来强烈的视觉冲击，从而让用户更加直观地了解到产品的性能与效用，在产品种草、展示学习成果等方面有着不可忽视的重要作用。

4. 4图展示+文字

"4图展示+文字"的形式同样是小红书中常用的一种封面形式，通常被网红KOL博主们用来推荐化妆品或护肤品，如图6-10所示。

图 6-10 "4 图展示 + 文字"的封面图

值得注意的是，4图展示的功能与"双图对比+文字"的形式一致，都是通过展示产品的效用，让用户对产品有一个更加清晰的认识。

此外，这种类型的封面形式也可以多图展示自己的作品，让用户对笔记内容有一个大概的了解，从而帮助笔记的创作者精准地吸引到对自己擅长领域感兴趣的粉丝，在某种程度上，这样也能极大地提高粉丝黏性。

5. 多图合成+文字

"多图合成+文字"的封面形式在小红书中同样被广泛使用，通常被用来展示某产品的同一系列，展示不同品牌的同类型产品，或者是展示笔记创作者的多个作品，通过对比，让其他用户更为直观地了解到自己感兴趣的内容。图6-11所示为使用"多图合成+文字"形式的小红书封面。

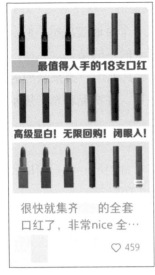
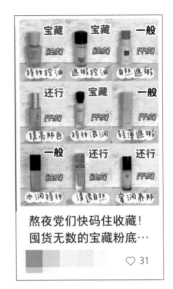

图6-11 "多图合成＋文字"的封面图

在图6-11中，可以很清楚地看到左图是对同品牌不同产品的展示，网红KOL向粉丝推荐该品牌中值得购买的口红色号；右图则是网红KOL展示不同品牌的同类产品，并向粉丝推荐在那些品牌中值得购买的粉底液。

值得注意的是，"多图合成+文字"的形式很容易让封面图片显得杂乱无章，此时就很考验创作者的图片配色能力和图片拍摄能力了，尽量让自己的封面在图多的同时又能井然有序地展现出笔记内容，才是上上之策。

6.2.2 掌握相机的8大功能

黄油相机App是小红书KOL常用的作图软件之一，其操作简单，制作出来的图片具备文艺清新的效果，与小红书的基本调性相符，因此受到了许多用户的青睐。

而在小红书账号的运营中，一个文艺清新的画面风格可以吸引到许多用户的关注，所以掌握一些黄油相机的使用技巧十分必要。

1. 布局和模板

在黄油相机App中，其布局功能主要有两个，一个是画布比功能；另一个则是背景功能。

在画布比功能中，创作者可以根据自己的需要调整画布比例。小红书社区常用的图片比例是3∶4，所以在编辑图片时，最好将图片裁剪成3∶4的比例。而在背景中，黄油相机App为用户提供了许多背景图，同样可以根据选择自行选取，不过笔者建议选择简单的背景图。图6-12所示为黄油相机App的画布比和背景功能。

图 6-12　黄油相机 App 的画布比和背景功能

此外，黄油相机App中还提供了很多模板，创作者可以直接选用，通过套用模板快速制作出好看的封面图，如图6-13所示。

图 6-13　黄油相机 App 的模板功能

2. 滤镜和参数功能

黄油相机App的滤镜功能同样强大，操作简单。小红书笔记的创作者在作图时可以选择自己喜欢的滤镜，调整相应的参数使图片更加美观，如图6-14所示。

此外，黄油相机的某些模板中也有滤镜，使得作图操作更为便捷。

图 6-14　黄油相机 App 的滤镜和调整参数功能

3. 加字和贴纸

加字功能是黄油相机App中被使用得最多的功能，尤其是在小红书的笔记中，创作者们可以在图片中添加文字，使得推荐效果更为显著。在黄油相机App中，少女风、文艺风、可爱风等不同风格的贴纸也有很多，能为照片添色。图6-15所示为黄油相机App的加字和贴纸功能。

图 6-15　黄油相机 App 的加字和贴纸功能

4. 画笔和遮罩

黄油相机App的画笔功能可以让创作者们自由地选择笔刷，根据自身需要对图片进行涂鸦。而遮罩功能可以让文字巧妙地隐藏在人物主体背后，这一功能需要开通会员才能使用，如图6-16所示。

图 6-16　黄油相机 App 的画笔和遮罩功能

6.2.3　制作美观封面图

前面笔者已经介绍过小红书社区中常见的5种封面图片表现形式，创作者可以根据自己的需要选择合适的封面类型。一般来说，封面图片只要做得美观，符合小红书App的调性，就能吸引到用户的目光。下面，就为大家讲解使用黄油相机App制作一个美观的封面图片的方法。

（1）背景图片的选择

大多数情况下，背景图片主要有3个来源，一是自己拍摄的照片；二是黄油相机App中的背景图片；三是自己手绘或者后期制作的图片。

（2）加字和加贴纸

为封面加字和贴纸可以让图片显得更有活力，更加适合以年轻用户为主的小红书App。不过需要注意的是，作为封面图片，添加的字最好不要用过于细小的字体，这样容易让其他用户无法获知笔记中的内容，从而错失笔记。

6.2.4 打造笔记内容图片

其实不管是封面图片还是内容图片，创作者们在掌握黄油相机的基础功能与简单操作后都能快速上手，制作出美观的图片。

需要注意的是，小红书笔记的内容图片最好与笔记的文字内容相互呼应，并且添加的字和贴纸不要过大，使用正常大小的字体即可，既不喧宾夺主也会更加美观，带来更好的视觉效果。

6.3 创作涨粉引流的笔记图片

小红书社区的笔记内容以图片输出为主，可以说，小红书社区的笔记文字几乎都是对图片内容的阐述和扩写。因此，了解好用的图片设计软件及掌握必备的图片设计技能都很有必要。

6.3.1 融入流行元素

这种图片设计方式说直白一点就是"蹭热度"，在自己的图片中融入当前小红书平台热门的元素，如某个滤镜、某个字体、某张贴图等。

一般来说，热门元素自带流量，小红书笔记的创作者积极地在自己的笔记图片中加入热门元素，打上热门标签，可以更容易吸引用户的目光。

在小红书中，可以通过首页推荐内容中的相关标签来找到热门元素。图6-17所示为从首页推荐的笔记中找到的近期热门标签。

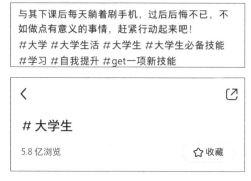

图 6-17　小红书的近期热门标签

需要注意的是，根据小红书的推荐机制，在笔记发布的半小时内，点赞超过几十就是热门笔记，小红书平台会给予热门笔记一定的流量倾斜。此外，小红书一篇笔记中最多只能有10个标签，因此找到适合自己笔记的、热门的标签十分重要。

6.3.2　制作个人介绍图片

个人介绍的图片适合放在笔记的首页或者最后一页，用来吸引粉丝关注你的小红书账号，达到引流的目的。个人介绍图片最好与账号风格相符，并详细介绍自己及账号。图6-18所示为两位KOL的个人介绍图片。

图 6-18　个人介绍图片

在个人介绍图片中，创作者甚至可以运用上文中提过的图片编辑美化App来让个人介绍图片更美观，还可以在图中加入自己的照片，更好地向用户们介绍自己与自己运营的小红书账号。

6.3.3　打造个性化内容

对于小红书的KOL来说，个性化的内容往往是最吸引人的内容之一，因此在笔记图片中输出个性化的内容，更容易吸引用户的关注。此外，个性化的内容能为KOL塑造一个鲜明的人设，区别于其他同质化的"网红打卡"，从而让你的笔记独树一帜。

那么，该如何让自己的笔记更具个性？笔者认为，可以从内容风格、图片设计及产品呈现这3个层面来体现。在长期的小红书账号运营中塑造鲜明的个人风格，让自己的小红书笔记很难被人大批量地复制，从而保证个人账号的独特性。

视频制作篇

第 7 章
视频拍摄：轻松拍出爆款视频作品

　　小红书平台上的电商短视频要想获得好的观赏效果，就需要利用各种构图和拍摄技巧，以保证视频画面的清晰度和美观度。如果一个电商短视频的画面不够清晰、美观，也会使视频的质量大打折扣，从而影响产品的转化效果。

7.1　学习构图技巧，拍摄视频

构图是指通过安排各种物体和元素，来实现一个主次关系分明的画面效果。在拍摄视频时，摄影师通常需要对画面中的主体进行恰当的摆放，使画面看上去更有冲击力和美感，这就是构图的作用。

因此，在拍摄小红书平台上的电商短视频的过程中，也需要对摄影主体进行适当构图，只有遵循了构图原则，才能让拍摄的视频更加富有艺术感和美感，更加吸引用户的眼球。

7.1.1　遵循构图原则

构图起初是绘画中的专有术语，后来被广泛应用于摄影和平面设计等视觉艺术领域。一个成功的视频，大多是拥有严谨的构图方式的，能够使得画面重点突出，有条有理，富有美感，赏心悦目。图7-1所示为电商短视频的基本构图原则。

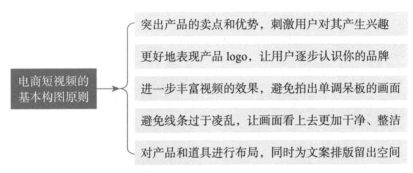

图 7-1　电商短视频的基本构图原则

7.1.2　选择构图画幅

画幅是影响短视频构图取景的关键因素，商家在构图前要先决定好视频的画幅。画幅是指视频的取景画框样式，通常包括横画幅、竖画幅和方画幅3种。

横画幅就是将手机或相机水平持握拍摄，然后通过取景器横向取景。由于人眼的水平视角比垂直视角更大一些，因此横画幅的视频在大多数情况下会给用户一种自然舒适的视觉感受，同时可以让视频画面的还原度更高。

竖画幅就是将手机或相机垂直持握拍摄，拍出来的视频画面拥有更强的立体感，比较适合拍摄具有高大、线条及前后对比等特点的产品视频，如图7-2所示。

图 7-2 竖画幅示例

方画幅的画面比例为1∶1，能够缩小视频画面的观看空间，这样用户无须移动视线去观看全部画面，从而更容易抓住视频中的主体对象，如图7-3所示。

图 7-3 方画幅示例

7.1.3 掌握拍摄角度

在拍摄小红书平台上的电商短视频时，商家还需要掌握各种镜头角度，如平角、斜角、仰角和俯角等，从不同视角去更好地展现产品的特色。

① 平角：镜头与拍摄主体保持水平方向的一致，镜头光轴与对象（中心点）齐高，能够更客观地展现拍摄对象的原貌，如图7-4所示。

② 斜角：在拍摄时将镜头倾斜一定的角度，从而产生一定的透视变形的画

面失调感，能够让视频画面显得更加立体，如图7-5所示。

图7-4　平角示例

图7-5　斜角示例

③ 仰角：采用低机位仰视的拍摄角度，能够让拍摄对象显得更加高大，同时可以让视频画面更有代入感，如图7-6所示。

④ 俯角：采用高机位俯视的拍摄角度，可以让拍摄对象看上去更加弱小，同时能够充分展示主体的全貌，如图7-7所示。

图7-6　仰角示例

图7-7　俯角示例

7.1.4　使用常用的构图方式

对于小红书平台上的电商短视频来说，好的构图是整体画面效果的基础，再加上光影的表现、环境的搭配和产品本身的特点来进行组合，可以使视频大放异彩。下面介绍电商短视频的一些常用构图方式。

1. 中心构图

中心构图即将视频主体置于画面正中间进行取景，其最大的优点在于主体突出、明确，而且画面可以达到上下左右平衡的效果，用户的视线会自然而然地集中到产品主体上，如图7-8所示。

图 7-8　中心构图示例

2. 三分线构图

三分线构图是指将画面用两横或两竖的线条平均分割成3等份，将主体放在某一条三分线上，让主体更突出、画面更美观，如图7-9所示。

图 7-9　三分线构图示例

3. 对称构图

对称构图是指画面中心有一条线把画面分为对称的两份，可以是画面上下对称，也可以是画面左右对称，或者是画面的斜向对称，这种对称画面会给人一种平衡、稳定、和谐的视觉感受。图7-10所示为左右对称构图视频示例。

图 7-10　左右对称构图视频示例

4. 斜线构图

斜线构图主要利用画面中的斜线引导观赏者的目光，同时能够展现物体的运动、变化及透视规律，可以让视频画面更有活力感和节奏感。图7-11所示为采用斜线构图拍摄的视频。

图 7-11　斜线构图视频示例

7.1.5　使用高级构图技巧

好的构图可以让电商短视频的拍摄事半功倍，构图的技巧有很多，即使是同款产品也可以在构图上产生差异化，从而让你的产品在众多同类产品中更亮眼。下面重点介绍一些电商短视频的高级构图技巧。

1. 构图的核心是突出主体

简单来说，构图就是安排镜头下各个画面元素的一种技巧，通过将模特、产品、文案等进行合理的安排和布局，从而更好地展现商家要表达的主题，或者使画面看上去更加美观、更有艺术感。

图7-12所示为采用左右对称构图方式的视频，使画面的布局更平衡，同时展示了不同颜色的牛仔裤上身效果，产品主体十分突出。

图 7-12　左右对称构图视频示例

★ 专家提醒 ★

主体是指视频拍摄的主要对象，可以是模特或者是产品，是主要强调的对象，主题也应该围绕主体来展开。通过构图这种比较简单有效的方法，可以达到突出视频画面主体、吸引用户视线的目的。

2. 选择合适的陪体、前景和背景

在小红书中，很多非常优秀的电商短视频中都有明确的主体，这个主体就是主题中心，而陪体就是在视频画面中起到烘托主体的作用的元素。陪体对主体的作用非常大，不仅可以丰富画面，还可以更好地展示和衬托主体，让主体更有美

感，并对主体起到一个说明解释的作用。

图7-13所示的案例中，主体对象为电蒸锅，锅中的食物则都是陪体，可以起到装饰画面和演示产品功能的作用。

严格意义上来说，环境和陪体非常类似，主要是在视频画面中对主体起到一个解释说明的作用。环境包括前景和背景两种形式，可以加强用户对视频的理解，让主体更加清晰明确。

前景主要是指位于被摄主体前方，或者靠近镜头的景物。背景

图 7-13　选择合适的陪体

通常是指位于主体对象背后的景物，可以让主体的存在更加和谐、自然，还可以对主体所处的环境、位置、时间等做一定的说明，更好地突出主体，营造画面氛围。图7-14所示的案例中，将山区环境作为拍摄背景，画面具有极强的真实感，能够突出登山鞋的品质。

图 7-14　选择合适的环境

3. 用特写构图表现产品的局部细节

每个产品都有其独特的质感和表面细节，在拍摄的视频中成功地表现出这种质感细节，可以极大地增强画面的吸引力。可以换位思考，将自己当作用户，在买一件心仪的物品时，肯定会在详情页面反复浏览，查看产品的细节，与同类型的其他产品进行对比。

因此，产品细节是决定用户下单的重要驱动力，必须将产品的每一个细节部位都拍摄清楚，打消用户的疑虑。图7-15所示为女包带货视频示例，采用了特写构图的方式来拍摄产品的细节特点。

图7-15 女包带货视频示例

当然，不排除也有很多马虎的用户，他们也许不会去仔细查看产品细节特点，只是简单地看一下价格和基本功能，觉得合适就马上下单。对于这些用户，可以将产品最重要的特点和功能拍摄下来，在视频中展现出来，让他们快速看到产品的这些优势，有助于促进成交。

7.2 掌握拍摄技巧，拍出爆款

在传统电商时代，用户通常只能通过图文信息来了解产品的详情，而如今短视频已经成为产品的主要展示形式。因此，商家在上架产品之前，首先要拍一些好看的视频素材。本节主要介绍不同产品的视频拍摄技巧，帮助大家轻松拍出能引爆产品销量的电商短视频。

7.2.1　掌握拍摄外观型产品技巧

在拍摄外观型产品时，重点在于展现产品的外在造型、图案、颜色、结构、大小等外观特点，建议拍摄思路为"整体→局部→特写→特点→整体"。

例如，在拍摄文具盒的视频时，可以先拍摄文具盒的整体外观，然后拍摄文具盒的局部细节和特写镜头，以展现文具盒的各种功能特点，最后从不同角度再次展现单个文具盒的整体外观。图7-16所示为文具盒的整体外观和局部特写镜头。

图 7-16　文具盒的整体外观和局部特写镜头

如果拍摄外观型产品时有模特出镜，可以增加一些产品的实际使用场景镜头，展示产品的使用效果。需要注意的是，使用场景镜头的拍摄主体仍然是产品，只不过是将产品放置到了一个特定的场景中，在拍摄前摄影师就需要同商家沟通好，并根据产品的属性选择最适配的场景。

7.2.2　掌握拍摄功能型产品技巧

功能型产品通常具有一种或多种功能，能够解决人们生活中遇到的难题，因此拍摄电商短视频时应将重点放在功能和特点的展示上，建议拍摄思路为"整体外观→局部细节→核心功能→使用场景"。

例如，在拍摄破壁机的视频时，可以先拍摄破壁机的整体外观，然后拍摄破壁机的局部细节和材质，接着通过多个分镜头来演示破壁机的各种核心功能，并拍摄破壁机的使用场景和制作的美食成品效果。图7-17所示为破壁机的整体外观和局部特写镜头。

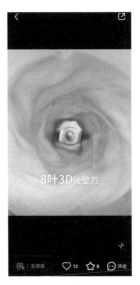

图 7-17　破壁机的整体外观和局部特写镜头

　　如果拍摄功能型产品时有模特出镜，同样也可以添加一些产品的使用场景。另外，对于有条件的商家来说，也可以通过自建美工团队或外包形式来制作3D动画类型的电商短视频，可以更加直观地展示产品的功能。

★ 专家提醒 ★

　　如今，随着各种产品的不断改进，功能也变得越来越丰富，而视频可以呈现产品的不同功能和用法，其说服力远远超过文字和图片，而且会让产品变得更接地气，特别适合家居生活和厨房家电等类型的产品。

7.2.3　掌握拍摄综合型产品技巧

　　综合型产品是指兼具外观和功能特色的产品，因此在拍摄这类产品时需要兼顾两者的特点，既要拍摄产品的外观细节，也要拍摄其功能特点，还需要贴合产品的使用场景来充分展示其使用效果。

　　如果是生活中经常用到的产品，最好选择生活场景作为拍摄环境，这样更容易引起用户共鸣。例如，电话手表就是一种典型的综合型产品，不仅外观非常重要，其丰富的功能也是吸引用户的一大卖点。

　　图 7-18 所示为电话手表的视频，不仅有大量的外观展示镜头，用来吸引用户的眼球，而且还展现了电话手表可以拨打紧急电话的功能特点，增强用户下单的决心。

图 7-18　电话手表视频

7.2.4　掌握拍摄美食类产品技巧

美食类产品涉及的品类非常多，不同的美食拥有不同的外观和颜色，因此拍摄方法也不尽相同。水果与蔬菜等食材是比较容易上手的美食类产品，可以通过巧妙地布局画面的构图、光影和色彩，来展现食材的强烈质感。

例如，拍摄水果的重点在于表现水果的新鲜和味道的甜美，可以直接拍摄水果的采摘过程，如图7-19所示。

图 7-19　水果视频

在拍摄面点等类型的美食时，可以增加一些陪体装饰物，让主体不会显得太单调。另外，还可以拍摄制作面点美食的过程，用镜头记录美食制作的瞬间，也能拍出美食大片，如图7-20所示。

图 7-20　面点美食视频

在拍摄菜肴美食时，人们通常会将食材作为主角，其实桌布、餐垫或餐具等元素也是值得一拍的，它们不仅可以帮助创造者更好地进行构图，同时还可以营造画面的氛围感，让所拍摄的美食视频更加吸引用户的注意力。

7.2.5　掌握拍摄模特类视频技巧

在拍摄模特类视频时，一定要注意引导模特摆出合适的姿势动作，如笑容、眼神的交流、撩动秀发的手势等。当然也有很多人在拍视频时放不开，或者对自己的长相不够自信，或者不愿意露脸，或者觉得自己的"侧颜"比较好看，此时也可以拍摄模特漂亮的侧面。

在室内或摄影棚拍摄模特的全景画面时，需要尽可能地选择空间广阔些的环境，这样不仅可以方便模特摆姿，也可以让摄影师更好地进行构图取景。另外，还需要保持拍摄环境的整洁，将各种装饰物品摆放在合理的位置，从而对人物主体起到更好的衬托作用。

要拍出有故事感的模特类视频，需要用画面来讲述故事和感染用户。要做到这一点，画面中就必须有一个明确的主题，同时拍摄场景也需要连贯，人物的情绪和服装配饰也要准确恰当。

7.3　了解注意事项，提高转化率

随着小红书平台上短视频的流行，商家越来越倾向于用视频来呈现产品，而且视频的转化率比纯图片更高。然而，电商短视频不是随便拍拍就行的，本节将详细介绍一些拍摄过程中的注意事项，帮助大家拍好电商短视频。

7.3.1　选择搭配产品的场景

很多时候，用户在看到电商短视频时，会将视频中的人物想象成自己，自己用着视频中的产品，会是一个怎样的感受。因此，电商短视频的拍摄场景非常重要，合适的场景可以让用户产生身临其境的画面感，进一步刺激其下单欲望。

图7-21所示为一款小清新风格的女装带货视频，因此很适合在户外场景中拍摄，可以利用有设计感的树木、地面作为背景，对主体产生装饰性效果，从而让用户产生一种优雅温柔的心理感受。

图 7-21　小清新风格的女装带货视频

如果是职业装这种比较庄重的服装产品，那这种场景就不太适合了，应尽量选择在办公室等室内场景，或者在非常"白领化"的一些场景中拍摄。将产品放到不搭调的场景中去拍摄，用户看着就会觉得很别扭，而且也无法将产品代入到这个情景中。

7.3.2 选择光线充足的环境

在拍摄电商短视频时，环境中的光线一定要充足，这样才能更好地展现产品。当光线较暗时，建议使用补光灯对产品进行补光，同时注意不要使用会闪烁的光源。图7-22所示为拍摄的盆栽视频。

图 7-22　盆栽视频

7.3.3 选择增强氛围感的背景

电商短视频的拍摄背景要整洁，可以根据视频内容对镜头内的场景进行布置，尽可能地营造出用户所需要表现的氛围。图7-23所示为一个保温壶视频，选择桌子和窗帘作为拍摄背景，同时布置了一些水杯、食品及花卉等作为辅助道具，营造出一种居家或办公室的氛围感。

图 7-23　保温壶视频

第 8 章

视频处理：剪辑出精彩的视频效果

如今，视频剪辑工具越来越多，功能也越来越强大。其中，剪映是抖音推出的一款视频剪辑软件，拥有全面的剪辑功能。本章将以剪映电脑版为例，介绍电商短视频的后期剪辑技巧，帮助大家快速打造出优质的带货视频效果。

8.1 掌握剪辑技巧，制作视频

用户在小红书上购物时，能够对各种产品产生认知的手段之一就是观看电商短视频。本节将讲解电商短视频的后期剪辑技巧，会用到剪辑软件剪映，它不仅功能强大，而且操作简单，能够帮助大家轻松制作出各类电商短视频。

8.1.1 裁剪视频尺寸

很多平台对于电商短视频的尺寸都有一定的要求，如9∶16就是小红书平台默认的短视频尺寸之一，效果如图8-1所示。

扫码看成品效果

图 8-1　预览视频效果

下面介绍裁剪视频尺寸的具体操作方法。

步骤 01　在剪映中导入一个视频素材，将其添加到视频轨道中，如图8-2所示。

步骤 02　❶选择视频素材；❷单击"裁剪"按钮，如图8-3所示。

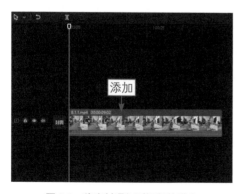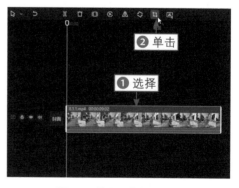

图 8-2　将素材添加到视频轨道中　　　图 8-3　单击"裁剪"按钮

步骤 03 弹出"裁剪"对话框，❶在"裁剪比例"下拉列表框中选择9∶16选项，即可裁剪画面；❷单击"确定"按钮，如图8-4所示。

图8-4 单击"确定"按钮

步骤 04 ❶单击"播放器"窗口中的"适应"按钮；❷在打开的下拉列表框中选择"9∶16（抖音）"选项，如图8-5所示。

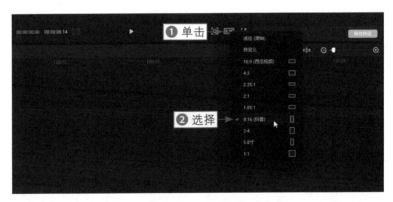

图8-5 选择"9∶16（抖音）"选项

8.1.2 剪辑视频素材

拍好视频素材后，可以使用剪映的"分割"和"删除"等功能，将多余的画面剪切掉，效果如图8-6所示。

扫码看成品效果

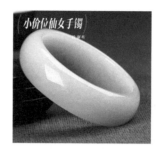

图 8-6　预览视频效果

下面介绍剪辑视频素材的具体操作方法。

步骤 01　在剪映中导入一个视频素材，将其添加到视频轨道中，如图8-7所示。

步骤 02　❶拖曳时间轴至相应位置处；❷单击"分割"按钮，如图8-8所示。

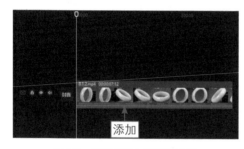
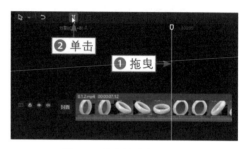

图 8-7　将素材添加到视频轨道

图 8-8　单击"分割"按钮

★ 专家提醒 ★

使用剪映的"镜像"功能，可以对视频画面进行水平镜像翻转操作，主要用于纠正画面视角或者打造多屏播放效果。

步骤 03　执行上述操作后，即可分割视频。选择分割出来的后半段视频，如图8-9所示。

步骤 04　单击"删除"按钮，即可删除多余的视频片段，效果如图8-10所示。

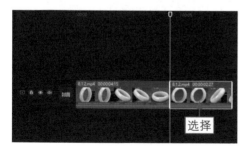
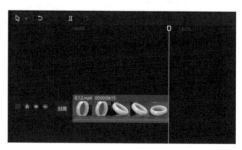

图 8-9　选择分割出来的后半段视频

图 8-10　删除多余的视频片段效果

8.1.3 替换视频素材

使用剪映中的"替换片段"功能，能够快速替换视频轨道中不合适的视频素材，效果如图8-11所示。

扫码看成品效果

图 8-11 预览视频效果

下面介绍替换视频素材的具体操作方法。

步骤 01 在剪映中导入两个视频素材，将其添加到视频轨道中，如图8-12所示。

步骤 02 选择要替换的视频素材，❶在素材上单击鼠标右键；❷在弹出的快捷菜单中选择"替换片段"命令，如图8-13所示。

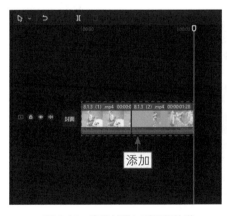

图 8-12 将素材添加到视频轨道

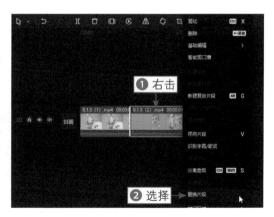

图 8-13 选择"替换片段"命令

步骤 03 弹出"请选择媒体资源"对话框，选择合适的视频素材，如图8-14所示。

步骤 04 单击"打开"按钮，弹出"替换"对话框，单击"替换片段"按钮，如图8-15所示，替换视频轨道中的素材，最后再添加背景音乐即可。

图 8-14　选择合适的视频素材

图 8-15　单击"替换片段"按钮

8.1.4　音频剪辑处理

　　使用剪映可以非常方便地对背景音乐进行剪辑处理，选取其中的高潮部分，让电商短视频更能打动人心，提升视频的完播率，视频效果如图8-16所示。

扫码看成品效果

图 8-16　预览视频效果

　　下面介绍音频剪辑处理的具体操作方法。

步骤 01 在剪映中导入一个视频素材，将其添加到视频轨道中，如图8-17所示。

步骤 02 在"音频"功能区中，❶切换至"音乐素材"|"旅行"选项卡；❷单击所选的背景音乐右下角的"添加到轨道"按钮➕，如图8-18所示。

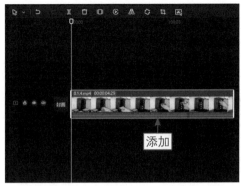

图 8-17　将素材添加到视频轨道　　　　图 8-18　单击"添加到轨道"按钮

步骤 03 执行操作后，即可添加背景音乐，按住音频素材左侧的白色拉杆并向左拖曳，如图8-19所示。

步骤 04 按住音频素材并将其拖曳至时间线的起始位置处，接着按住音频素材右侧的白色拉杆，并向左拖曳至视频素材的结束位置处，如图8-20所示。

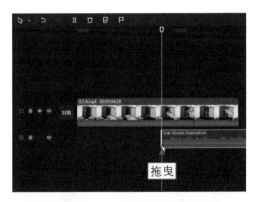

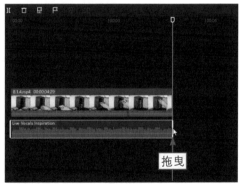

图 8-19　拖曳左侧的白色拉杆　　　　图 8-20　拖曳右侧的白色拉杆

8.2　使用特效处理，添加效果

一个火爆的电商短视频依靠的不仅仅是拍摄和剪辑，适当地添加一些特效，能为视频增添意想不到的效果，让画面变得更加吸睛。

本节主要介绍剪映中自带的一些滤镜、转场和美颜等功能的使用方法，帮助大家制作出各种精彩的电商短视频效果。

8.2.1　添加滤镜效果

绚丽的色彩可以增强电商短视频的画面表现力，在剪映中可以使用滤镜功能对画面的整体色调进行处理，调色前后的效果对比如图8-21所示。

扫码看成品效果

图 8-21　调色前后的效果对比图

下面介绍添加滤镜效果的具体操作方法。

步骤 01 在剪映中导入一个视频素材，将其添加到视频轨道中，如图 8-22 所示。

步骤 02 选择视频素材，预览原视频效果，如图 8-23 所示。

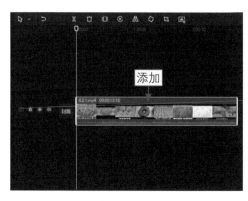

图 8-22　将素材添加到视频轨道　　　图 8-23　预览原视频效果

步骤 03 在"滤镜"功能区中，❶切换至"美食"选项卡；❷单击"轻食"滤镜右下角的"添加到轨道"按钮 ⊕ ，如图8-24所示，即可添加滤镜效果。

步骤 04 调整"轻食"滤镜效果的时长，使其与视频素材一致，如图8-25所示。

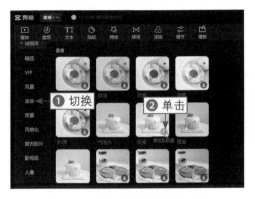
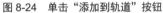

图 8-24　单击"添加到轨道"按钮

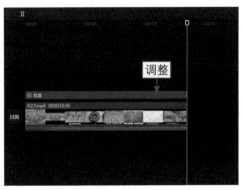

图 8-25　调整滤镜效果的时长

8.2.2　添加转场效果

转场可以让视频画面具有更好的艺术性和视觉性，能够起到丰富画面、吸引用户眼球的效果。技巧转场是指通过后期剪辑软件在两个片段中间添加转场特效，来实现场景的转换。由多个素材组成的电商短视频中，经常会用到转场，有特色的转场不仅能为视频增色，而且还能使镜头的过渡更加自然，效果如图 8-26 所示。

扫码看成品效果

图 8-26　转场效果展示

下面介绍添加转场效果的具体操作方法。

步骤 01　在剪映中导入 3 个视频素材，分别将其添加到视频轨道中，如图 8-27 所示。

步骤 02　将时间轴拖曳至前两个视频素材的连接处，如图8-28所示。

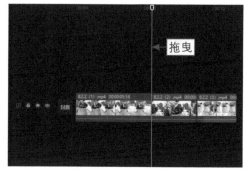

图 8-27　将素材添加到视频轨道　　　　　　　图 8-28　拖曳时间轴

步骤 03 ❶ 切换至"转场"功能区；❷ 展开"幻灯片"选项卡，如图 8-29 所示。

步骤 04 选择"右移"转场效果，单击右下角的"添加到轨道"按钮，如图 8-30 所示。

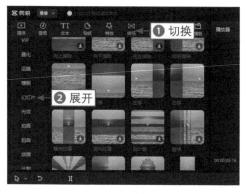

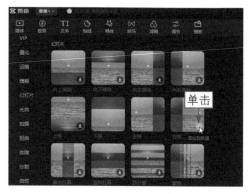

图 8-29　展开"幻灯片"选项卡　　　　　　图 8-30　单击"添加到轨道"按钮（1）

步骤 05 执行操作后，即可添加"右移"转场效果，如图8-31所示。

步骤 06 在"转场"操作区中，设置"时长"参数为0.5s，如图8-32所示。

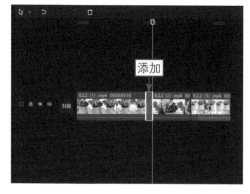

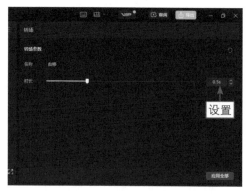

图 8-31　添加"右移"转场效果　　　　　　图 8-32　设置"时长"参数（1）

步骤 07 拖曳时间轴至后两个视频素材的连接处，❶切换至"模糊"选项卡；❷单击"粒子"转场效果右下角的"添加到轨道"按钮➕，如图8-33所示。

步骤 08 在视频轨道中选择"粒子"转场效果，在"转场"操作区中设置"时长"参数为1.0s，如图8-34所示。

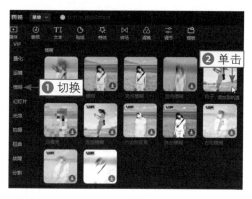

图 8-33　单击"添加到轨道"按钮（2）

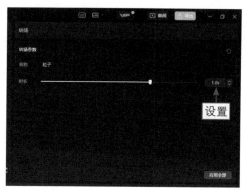

图 8-34　设置"时长"参数（2）

8.2.3　添加美颜效果

使用"美颜"和"美体"功能可以美化视频中的人物，让人物的皮肤变得更细腻，脸蛋变得更娇小，身材变得更修长，效果如图8-35所示。

图 8-35　预览视频效果

扫码看成品效果

下面介绍添加美颜效果的具体操作方法。

步骤 01 在剪映中导入一个视频素材，将其添加到视频轨道中，如图8-36所示。

步骤 02 选择视频素材，预览原视频效果，如图8-37所示。

步骤 03 在"画面"操作区的"美颜美体"选项卡中，❶选择"美颜"复选框；❷设置各参数，如图8-38所示，可以让视频中的人物皮肤看起来更细腻、更白净。

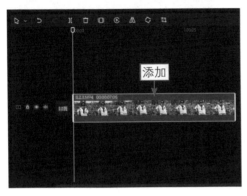

图 8-36　将素材添加到视频轨道

图 8-37　预览原视频效果

步骤 04 在"画面"操作区的"美颜美体"选项卡中，❶选择"美体"复选框；❷设置各参数，如图 8-39 所示，这可以让视频中的人物身材更加修长、匀称。

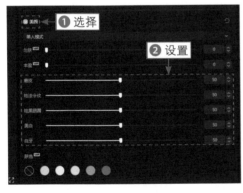

图 8-38　设置相应参数（1）

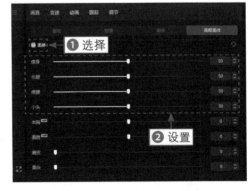

图 8-39　设置相应参数（2）

8.2.4　添加文字模板

剪映中提供了丰富的文字模板，能够帮助商家快速制作出精美的电商短视频文字，效果如图8-40所示。

扫码看成品效果

图 8-40 预览视频效果

下面介绍添加文字模板的具体操作方法。

步骤 01 在剪映中导入一个视频素材，将其添加到视频轨道中，如图 8-41 所示。

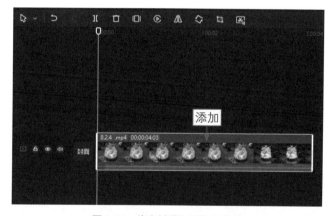

图 8-41 将素材添加到视频轨道

步骤 02 在"文本"功能区中单击"文字模板"按钮，如图 8-42 所示。

图 8-42 单击"文字模板"按钮

步骤 **03** 在"文字模板"选项卡中切换至"热门"选项区，如图8-43所示。

步骤 **04** 单击相应文字模板右下角的"添加到轨道"按钮，如图8-44所示。

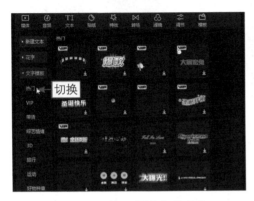 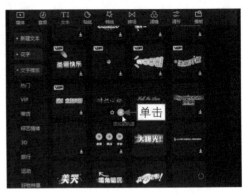

图 8-43 切换至"热门"选项区   图 8-44 单击"添加到轨道"按钮

★ 专家提醒 ★

剪映中的文字模板有很多，在"文字模板"选项卡中可以看到"热门""VIP""带货""旅行""运动"等分类，用户可以根据自己的需求来进行浏览和添加。

步骤 **05** 在"文本"操作区中的"第1段文本"文本框中，❶输入相应的文字；❷在"播放器"窗口中适当调整文字的大小和位置，如图8-45所示。

步骤 **06** 将文字模板的持续时间调整为与视频素材一致，如图8-46所示。

 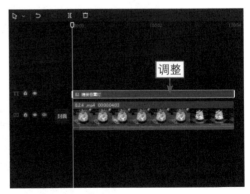

图 8-45 调整文字的大小和位置   图 8-46 调整文字模板的持续时间

第 9 章

视频种草：提升小红书的运营效益

种草是一个网络流行语，表示分享推荐某一商品的优秀品质，从而激发他人购买欲望的行为。如今，随着短视频的逐渐火爆，带货能力更好的种草视频也开始在各大新媒体和小红书平台中流行起来。本章将介绍种草视频的策划和制作技巧，帮助商家创作出让人难以拒绝的种草视频。

9.1 了解种草视频，有效推广

如今，短视频已经成为新的流量红利阵地，具有高效曝光、快速涨粉、有效变现等优势。在小红书平台上出现了很多种草视频，它们借助短视频的优势为电商产品提供更多的流量和销量。

9.1.1 了解短视频类型

电商短视频主要包括商品种草型、直播预热型和娱乐营销型3种类型，不同类型的电商短视频，其内容定位也有所差异，如图9-1所示。

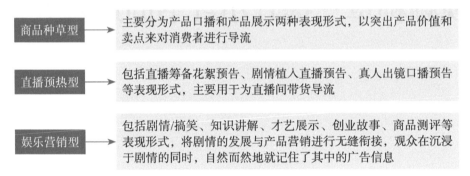

图9-1 电商短视频的3种类型

9.1.2 了解种草视频优势

相对于图文内容来说，短视频可以使产品种草的效率大幅提升。因此，种草视频有着得天独厚的带货优势，可以让消费者的购物欲望变得更加强烈，其主要优势如图9-2所示。

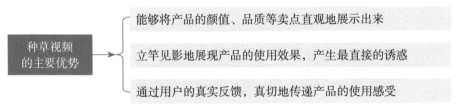

图9-2 种草视频的主要优势

9.1.3 了解种草视频类型

种草视频不仅可以告诉潜在消费者你的产品好在哪里，还可以快速建立信任关系。种草视频的带货优势非常多，其基本类型如图9-3所示。

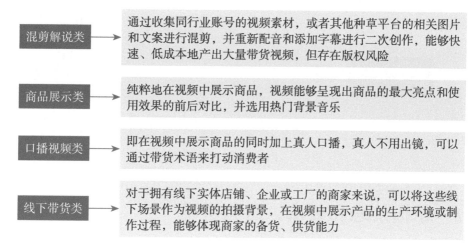

混剪解说类　通过收集同行业账号的视频素材，或者其他种草平台的相关图片和文案进行混剪，并重新配音和添加字幕进行二次创作，能够快速、低成本地产出大量带货视频，但存在版权风险

商品展示类　纯粹地在视频中展示商品，视频能够呈现出商品的最大亮点和使用效果的前后对比，并选用热门背景音乐

口播视频类　即在视频中展示商品的同时加上真人口播，真人不用出镜，可以通过带货术语来打动消费者

线下带货类　对于拥有线下实体店铺、企业或工厂的商家来说，可以将这些线下场景作为视频的拍摄背景，在视频中展示产品的生产环境或制作过程，能够体现商家的备货、供货能力

图 9-3　种草视频的类型

图9-4所示为线下带货类种草视频，通过将产品的加工车间作为视频拍摄背景，能够将产品的原始面貌展现给消费者，画面更真实，更容易实现转化。

图 9-4　线下带货类种草视频

9.1.4　了解爆火种草视频

任何事物的火爆都需要借助外力，爆品的锻造升级也是如此。在这个产品繁多、信息爆炸的时代，如何引爆产品是每一个商家都值得思考的问题。从种草视

频的角度来看，要想打造爆款需要做到以下几点，如图9-5所示。

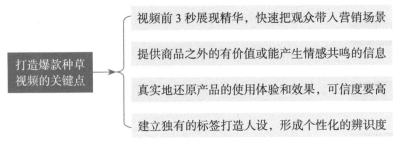

图 9-5　打造爆款种草视频的关键点

9.2　掌握禁忌和要求，避免错误

商家在制作种草视频时，对于内容的拍摄和策划一定要满足一些相关的平台规则，否则可能会影响视频的流量，甚至还可能被平台删除或封号。本节将详细介绍种草视频的禁忌和要求。

9.2.1　避免格式低质问题

如果视频的画面非常模糊，无法看清其中的内容等，则这种明显的格式低质问题视频是无法通过平台审核的。

下面还列出了一些其他格式低质问题。

· 视频带有明显的水印，影响观众观看。

· 视频画面被严重裁剪，导致画面不完整。

· 视频的边框部分过大，而主体内容面积太小，占比不到整体画面比例的1/3。

· 视频画面出现倾斜、变形、拉伸、压缩等问题。

· 视频是直接对着屏幕拍的，或者是由简单的图片组成的。

· 视频中的空白屏、黑屏内容大于10s。

· 视频杂音过大，或者长时间没有声音。

· 视频进行了过度的变速或变声处理，无法听清其中的内容。

9.2.2　避免内容质量问题

如果视频的内容质量出现问题，或者内容是毫无价值的垃圾信息，都会影响视频的流量。图9-6所示为视频出现的内容质量问题。

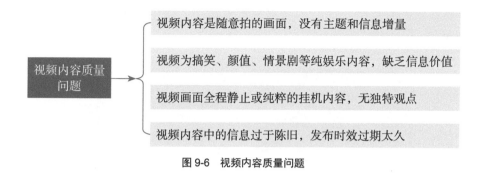

图 9-6 视频内容质量问题

9.2.3 避免纯商业广告

种草视频尽量不要直接使用商品主图视频，或者为纯商业广告，相关问题如图9-7所示。

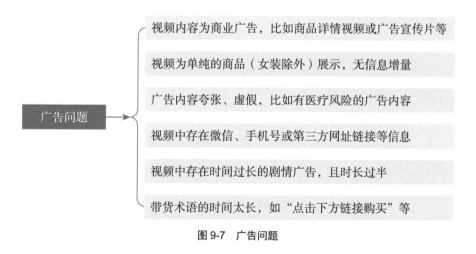

图 9-7 广告问题

视频中如果出现这些问题将会严重影响用户的观看体验，也不利于视频流量的增长，甚至可能会流失粉丝，出现大量广告还可能会被平台限流或者删除。

9.2.4 达到封面标准

种草视频的封面要择优选择，同时不能出现上述低质内容，并确保封面图片清晰美观，能够看清其中的人脸、画面细节和内容重点等。另外，封面不能采用纯色的图片，或者随意截取视频中的某一帧，必须能够展现一定的内容信息。

在小红书平台上发布的种草视频的竖版封面尺寸为3∶4，标题要控制在20个字以内，不做"封面党""标题党"。同时，封面文案的配字大小和颜色都要合适，必须能够看清楚，同时不能出现标点错误、错别字等情况，相关示例如图9-8所示。

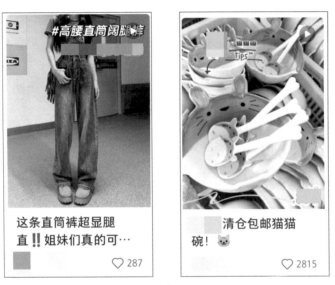

图9-8　封面文案示例

9.2.5　达到内容与画质要求

种草视频可以将日常生活作为创作方向，包含但不限于下列几类：穿搭美妆、生活技巧、健康知识、家居布置、购买攻略、美食推荐等，如图9-9所示。

图9-9　优质种草视频示例

以小红书平台为例，普通用户的种草视频的基本要求为：视频大小≤2000M，格式为mp4，建议比例为9∶16的竖版，时长控制在5分钟以内。

种草视频的声音和画质都必须清晰，最好有字幕配置，同时无违规、虚假、站外引流、不当言论、恶心恐怖等内容。种草视频的内容应有意义、有价值，不能是纯搞笑、纯娱乐、纯音乐或监控录像等内容。

9.3　学习制作技巧，流量变现

很多视频创作者最终都会走向带货卖货这条商业变现之路，种草视频能够为产品带来大量的流量转化，同时让创作者获得丰厚的收入。本节将介绍种草视频的相关制作技巧，帮助创作者快速提升视频的流量和转化率。

9.3.1　准确做好账号定位

在准备进入种草视频领域，开始注册账号之前，首先一定要对自己进行定位，对将要拍摄的视频内容进行定位，并根据这个定位来策划和拍摄视频内容，这样才能快速形成独特鲜明的人设标签。

创作者要想成功带货，还需要通过种草视频来打造主角人设魅力，让大家记住你、相信你，相关技巧如图9-10所示。

图9-10　打造主角人设魅力的相关技巧

只有做好种草视频的账号定位，才能在用户心中形成某种特定的标签和印象。标签是指短视频平台给创作者的账号进行分类的指标依据，平台会根据创作者发布的视频内容，给创作者打上对应的标签，然后将创作者的内容推荐给对这类标签作品感兴趣的用户。

例如，某个平台上有100个用户，其中有50个人都对美食感兴趣，还有50个人不喜欢美食类的短视频。此时，如果你刚好是拍美食的账号，但却没有做好账号定位，平台没有给你的账号打上"美食"这个标签，此时系统会随机将你的视频推荐给平台上的所有人。这种情况下，你的视频作品被用户点赞和关注的概率就只有50%，而且由于点赞率过低会被系统认为内容不够优质，而不再给你推荐流量。

相反，如果你的账号被平台打上了"美食"的标签，此时系统不再随机推荐流量，而是精准推荐给喜欢看美食内容的那50个人。这样，你的视频获得的点赞和关注的比例就会非常高，从而获得系统给予更多的推荐流量，让更多人看到你的作品，并喜欢你的内容。因此，对于种草视频的创作者来说，账号定位非常重要，下面总结了一些账号定位的相关技巧，如图9-11所示。

图 9-11　种草视频账号定位的相关技巧

9.3.2　巧妙打造场景植入

在种草视频的场景或情节中引出产品，是非常关键的一步，这种软植入方式能够让营销和内容完美融合，让人印象颇深，相关技巧如图9-12所示。

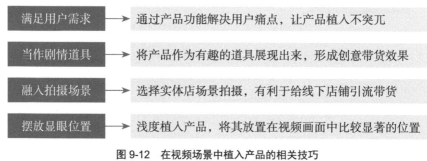

图 9-12　在视频场景中植入产品的相关技巧

简单而言，归纳当前种草视频的产品植入形式，大致包括台词表述、剧情题材、特写镜头、场景道具、情节捆绑、角色名称、文化植入及服装提供等，手段非常多，不一而足，创作者可以根据自己的需要选择合适的植入方式。

9.3.3　突出产品质感细节

每个产品都有其独特的质感和表面细节，创作者可以在拍摄的种草视频中成功地表现出这种质感细节，从而大大增强产品的吸引力。同时，在视频中展现产品时，创作者可以从功能用途上找突破口，展示产品的神奇用法，如图9-13所示。

图 9-13　展示产品功能用途的短视频示例

种草视频中的产品一定要真实，必须符合用户的视觉习惯，最好是真人试用拍摄，这样更有真实感，可以增加用户对你的信任度。

除了简单地展示产品本身的"神奇"功能，还可以"放大产品优势"，即在已有的产品功能上进行创意表现。

9.3.4　快速吸引用户注意

对于种草视频的标题来说，其作用是让用户能搜索到、能点击，最终进入店铺产生成交。标题优化的目的则是为了获得更高的搜索排名、更好的客户体验和更多的免费有效点击量。

在设计种草视频的文案内容时，标题的好坏决定视频是否有足够的理由让用户点击。切忌把所有卖点都罗列在视频标题上，记住创作标题的唯一目标是让用户直接点击。下面总结了写好种草视频标题需要注意的关键点。

- 你要写给谁看——用户定位。
- 他的需求是什么——用户痛点。
- 他的顾虑是什么——打破疑虑。
- 你想让他看什么——展示卖点。

• 你想让他做什么——吸引点击。

创作者不仅要紧抓用户需求，而且要用一个精炼的文案表达公式来提升标题的点击率，切忌絮絮叨叨，毫无规律地罗列堆砌相关卖点。

9.3.5 踩中用户痛点

种草视频的文案相当重要，只有踩中用户痛点的文案才能吸引他们去购买视频中的产品。创作者可以多参考如小红书等平台中的同款产品视频，找到一些与自己要带货的产品特点相匹配的文案，这样能够提升创作效率，如图9-14所示。

图 9-14　踩中用户痛点的文案

第 10 章

营销策略：迅速提升博主的知名度

　　小红书作为社交型电商平台，其主要特点是去中心化，强调真实的经验分享。其实这也是一种隐形的种草方式，并且这种方式往往能达到更好的效果。因此，借助小红书平台制定完善的推广策略，能够更好地提高转化率。

10.1 了解推广优势，初步理解

在介绍小红书推广策略之前，先来了解一下小红书推广的五大优势。与其他同类型的平台相比，小红书主要具有以下几种优势。

10.1.1 智能分析

在进行推广之前，一般都会对用户群体进行分析，描绘目标群体的画像，才能更好地进行推广。

小红书有着自主打造的智能大数据分析系统，能够更加精准地深入分析小红书中用户的画像，并且挖掘种草领域。图10-1所示为完美日记与小红书中的受众人群年龄及性别画像。

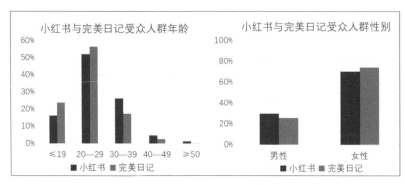

图 10-1 完美日记与小红书中受众人群年龄及性别画像

因此，品牌主可以根据小红书中的消费者画像及同行业内竞争对手的推广策略，融合自己产品的优势，打造出一个更优质的推广方案。

10.1.2 精准投放

在小红书平台中，系统会根据明星及博主的粉丝、点赞、评论等数据进行判断、分析和筛选，为品牌方选择最优秀的、真实的推广用户，帮助品牌方精准投放，从而达到推广效益的最大化。

一般来说，在小红书中进行投放，最好严格按照如图10-2所示的金字塔模式进行投放。这里将金字塔的模式分为4部分，头部KOL和腰部KOL合并。第1部分是明星，主要形式是通过明星发布测评及日常的好物分享，这种方式一般价格高，但是效益快且好。

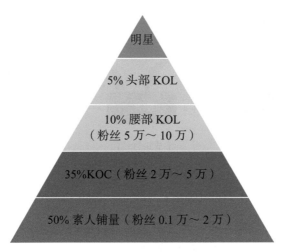

图 10-2　金字塔模式

　　第2部分是KOL，KOL分为头部和腰部，一般来说头部的话可以投放总比例的5%左右；腰部KOL可以适当多投放一些，按10%的比例进行投放，主要形式是测评和晒单，用来提升品牌的曝光量，如图10-3所示。

图 10-3　头部 KOL 和腰部 KOL

　　第3部分是KOC，其意思是关键意见消费者，英文全称是Key Opinion Consumer，这一类属于粉丝数量相对较少的KOL，可以进行35%投放。这类博主虽然没有KOL影响力大，但是在垂直用户中也有一定的影响力，并且其带货能力也相对较强。图10-4所示为KOC推广流程。

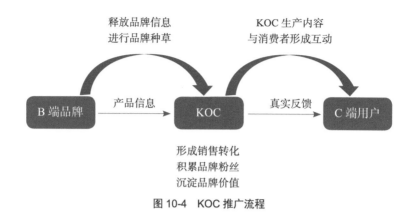

图 10-4　KOC 推广流程

第4部分是素人，素人笔记通常用来铺量，目的是为了提高曝光量，可以通过关键词来铺设，这部分可以投放50%。

10.1.3　分辨特性

不同种类的产品在运营时会有很大的差异，这也就影响了用户在种草时的决策。品牌主可以在了解平台内容推荐机制的情况下，深入研究相关种类的推广案例，然后根据品类特性，输出高质量的内容，从而提升小红书推广笔记的推荐效果和曝光量。

品类特性的好坏在小红书进行推广时会有不同的效果，往往品类特性较好的推广效果更好，例如刚需的产品与非刚需的产品相比，刚需的产品往往效果更好。图10-5所示为品类特性在小红书中引爆的情况分析。

图 10-5　品类特性在小红书中引爆的情况分析

10.1.4 持续推广

前面讲解了金字塔种草运营策略，通过这个策略，再针对不同特征的用户给予不同的方案，进而吸引更多的明星及达人进行二次推广。此外，将后续的营销资源进行合理分配，并利用产品的关键词加入其他渠道的方式，如淘宝、抖音、快手等，突破圈层，通过多平台为产品持续推广，从而实现产品的转化。

10.1.5 高效优化

拥有一个专业团队往往在推广时能够更加精准地了解到用户的需求，因此一个专业的推广策划团队及高级编辑团队非常重要。一方面可以帮助品牌主对产品的推广文案进行优化，另一方面可以通过在笔记中穿插产品推荐等方式，从而优化营销资源的分配。

值得注意的是，目前小红书正处于快速发展中，平台中的传播渠道也变多了。对于品牌主来说，这既是一次机遇也是一次挑战。在传播渠道扩大的情况下，如何在众多的品牌主中脱颖而出，是在这场挑战中制胜的关键。

图10-6所示为小红书推广的流程图，一个专业的团队可以从这4个方面着手在小红书上进行有效推广。

图 10-6　小红书推广流程图

10.2　了解推广方式，初步掌握

目前，小红书的推广方式主要有官方和非官方两种方式，官方包括广告投放、品牌号营销、品牌合作人等方式，非官方主要包括素人笔记、KOL原创图文推广、明星笔记、笔记排名优化等方式。不管是官方还是非官方，都能帮助品牌方很好地推广产品。图10-7所示为明星推荐+KOL扩散的四大功效。

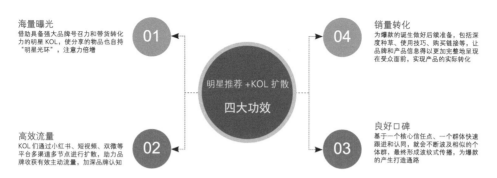

图 10-7　明星推荐 +KOL 扩散的四大功效

除了上述两种方式，还存在其他的推广方式，如批量私信、点赞等，但是这种一般受平台的限制较高，或者对技术要求比较高，一般不推荐采用这些方式。

10.2.1　利用素人笔记

素人笔记是指由粉丝数量不够多、没有粉丝基础的用户来发布相关的种草笔记，这种方式适用于各种品牌方及有着搜索承接平台的商家在运营初期时进行操作，作为获取流量的基石。

1. 素人笔记的作用

对于小红书用户来说，笔记是谁写的不是他们关注的重点，他们关注的是写了什么。并且，在一些用户心中，他们会觉得素人笔记更加真实可信，因此会更加相信素人发的笔记，而那些粉丝量多的博主，或多或少会接一些广告，真实性就相对而言不是很高。

此外，素人笔记是一种性价比很高的方式，通过素人大量、定期地发布笔记，进而占领搜索的前列，这样也就加大了曝光率及官方推送的概率。

一般来说，大商家或者品牌方都比较喜欢用素人笔记这种方式进行推广，这种方式的作用主要分为两种，一种是背书，另一种是获得流量，如图10-8所示。

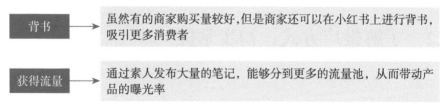

图 10-8　素人笔记的主要作用

2. 素人笔记的优缺点

素人笔记主要用来铺量，让用户能够尽可能多地看到产品，加深用户的印象，所以素人笔记不需要太多技巧，只要将产品的性能和体验情况讲清楚即可。一般来说，素人笔记的字数不要超过300字，而且每天的投放量最好是在30篇内。

但是，这种方式直接促成交易的往往不多，因为素人毕竟没有影响力，用户对于素人还是持一定的怀疑态度。因此，素人笔记不需要带有商品链接，只要写清楚产品的好处、体验感即可。

10.2.2 利用KOL推广

KOL通常是指拥有大量且准确产品信息的人，他们能够被粉丝所信任，且能够影响粉丝的购买行为。一般来说，KOL通常是某个行业或领域的专业人士，如皮肤科医生等。

不管什么平台及行业，对于KOL的要求都相对要高。在美妆行业，要求KOL一方面要有专业度，了解美妆的专业知识、能够用通俗易懂的方式详细地讲解测评产品等；另一方面则要求美妆KOL具有一定的人格魅力，如图10-9所示。一般来说，人格魅力较好的KOL通常更容易吸引消费者。

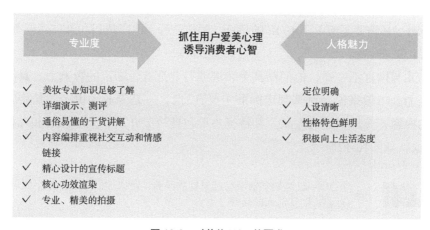

图 10-9 对美妆 KOL 的要求

这种推广方式主要通过有粉丝基础且拥有专业知识的博主来发布种草笔记，各种品牌方及有搜索承接平台的商家都可以使用这种方式。

传统营销方式引起消费者的购买需求之后，会促使消费者去收集相关的产品信息并了解它们的评价情况，才会决定是否购买。而且KOL的原创图文推广一

般会让粉丝更加信任，从而跳过购买前的步骤，直接决定购买。图10-10所示为
KOL推广的好处。

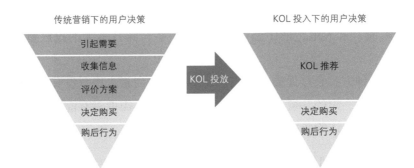

图 10-10　KOL 推广的好处

与素人笔记相比，KOL推广的作用也在于背书及获得流量。但是两者还是有
很大区别的，如图10-11所示。

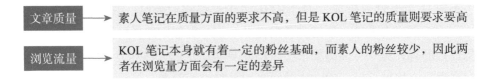

图 10-11　KOL 推广与素人笔记的区别

此外，还需要了解一下 KOL 的特征、运作流程、推广技巧和推广建议等方面。

1. KOL的特征

KOL与网红不一样，他们在某个领域或行业都有着一定的影响力，具有一定
的公信力。一般来说，对其判定标准主要有3点，一是专业知识，二是稳定且有
见地的内容，三是兴趣与天赋。其特征主要包括持久介入、人际沟通和性格特征
3个方面，如图10-12所示。

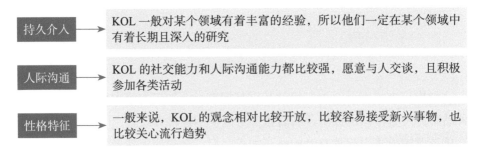

图 10-12　KOL 的主要特征

2. KOL运作流程

品牌方或者电商平台将商品给予KOL，KOL便对商品进行市场推广，并将推广的数据、流量反馈给品牌方或电商平台，品牌方或电商平台给予一定的服务费、广告费等。

KOL在小红书上发布与商品有关的笔记后，与粉丝进行互动，并将从粉丝处得到的对于商品的反馈，再反馈给品牌方或电商平台。图10-13所示为KOL推广的运作流程。

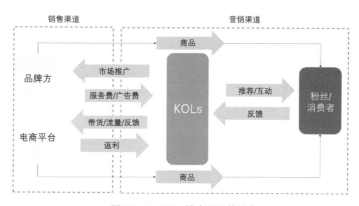

图 10-13　KOL 推广的运作流程

3. KOL推广技巧

下面来介绍一下小红书KOL的推广技巧，主要包括埋伏法、细分法和追踪法3种。

（1）埋伏法

埋伏法是指提前布局，这种方法带有赌的成分，但也并不是瞎猜，是按照一定的规律信息推测，主要看创作者对热点的敏感度。

例如，在节假日前几天提前布局一些关于节假日的相关笔记，等到节假日到来时，就可以发布。哪怕你发布的笔记质量不是最上乘的，笔记的点赞量、阅读量和收藏量的数据也不会太差。

（2）细分法

细分法，顾名思义，就是在一个大的热门领域中找到一个小众的领域。例如，在小红书中，出国旅游一直都是比较热门的内容，但是如果你也发布相关内容的话，就会被大量出国旅游的笔记所淹没。

这时，就可以选择细分的方法，在出国旅游中找到比较冷门的国家，或者小众的景点等来分享。

（3）追踪法

追踪法是什么呢？当你打开小红书界面时，点击Q按钮，如图10-14所示。进入搜索界面后，搜索界面就会出现"猜你想搜""搜索发现"等栏目，如图10-15所示。

图 10-14　点击"搜索"按钮

图 10-15　搜索界面

但是，这些搜出来的关键词仅仅代表目前这些关键词的热度，这些热搜是通过人工及系统的双重干预形成的，你所看到的只是当前官方所默认的推荐情况，也就表示你看到的这些只是当前用户喜欢看的内容。因此，需要经常关注关键词的热度变化情况，结合这些词条和它们的热度变化情况来生产和调整你的内容。

4. KOL推广建议

目前，小红书上的KOL也有许多，针对KOL的推广，本书提出了以下4点建议，如图10-16所示。

图 10-16　对 KOL 推广的建议

10.2.3　了解明星笔记

明星本身就有一定的号召力，如果明星发布笔记中的产品，粉丝往往会去购买。2017年至今，陆续有明星在小红书上开始带货。到了2022年，明星发布的种草笔记往往影响了产品在淘宝中的搜索热度。图10-17所示为明星笔记示例。

图 10-17　明星笔记示例

相对于前两种推广方式而言，这种方式更加简单、直接，并且如果明星本身的流量大的话，其代言的产品购买量也会大大增加，收益高且持续时间长。图10-18所示为明星笔记的好处。

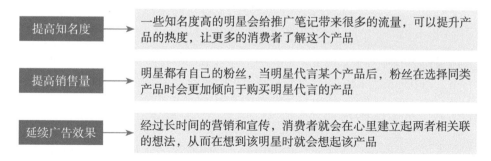

图 10-18　明星笔记的好处

这种方式适用于在小红书平台中有着一定运营基础的商家或品牌，该基础一方面包括在小红书中拥有自己的店铺，不用进行二次跳转，有时候二次跳转也会影响一些粉丝的购买行为；另一方面是指该品牌在小红书上至少有两个月的笔记铺垫。

10.2.4 了解笔记优化排名

笔记优化排名，顾名思义，就是将笔记进行优化，使其在被搜索时排名能够得到提升。这类方式虽然流量有限，但是比较精准，适合于个体微商、线下商家、品牌方、平台商家等。

在小红书中，大部分都是通过搜索关键词来搜索相关笔记，用户笔记的内容也是围绕关键词展开的，搜索这类关键词的用户一般都是对其有着消费意向的用户。所以，通过优化笔记排名，在用户搜索关键词时能够在首页看到你的笔记，那么你的笔记的曝光度就大大提升了。

那么，如何优化笔记的排名呢？主要从关键词、数据、时间和内容这4个方面来进行优化，如图10-19所示。

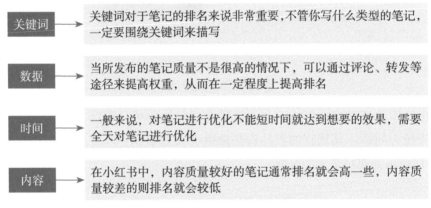

图 10-19　优化笔记排名的 4 方面

值得注意的是，小红书平台对于新发布的笔记会有倾斜。在一个关键词笔记排名中，新发布的笔记往往会有权重加成，因此新发布的笔记的排名相对较高。

10.2.5 了解广告投放

广告投放是根据广告主及广告的内容，在相应的平台上以文字、图片或视频的形式精准地推广给用户。广告投放的媒介有很多种，如报纸、电视、纸质刊物等，不同的媒介有着不同的特征，可以根据自己产品的情况进行选择，甚至进行多方投放。

广告投放也是很多品牌主会在小红书上推广的一种形式。下面将讲解广告投放的原则及小红书中广告投放的分类。

1. 广告投放原则

一些企业为了能够达到推广的最大化效果，喜欢多管齐下，不管什么渠道、媒介都去尝试一遍，如电视、报纸、互联网等，但是并不是投得越多，收到的效益就越好。

广告投放最重要的是要达到推广的效果，让大众了解并产生购买欲望。对于广告投放来说，具有以下几个原则，如图10-20所示。

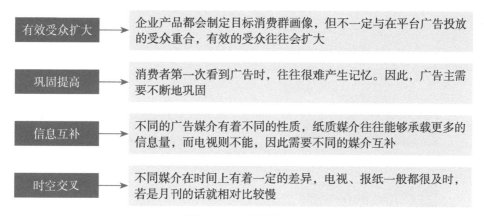

有效受众扩大	企业产品都会制定目标消费群画像，但不一定与在平台广告投放的受众重合，有效的受众往往会扩大
巩固提高	消费者第一次看到广告时，往往很难产生记忆。因此，广告主需要不断地巩固
信息互补	不同的广告媒介有着不同的性质，纸质媒介往往能够承载更多的信息量，而电视则不能，因此需要不同的媒介互补
时空交叉	不同媒介在时间上有着一定的差异，电视、报纸一般都很及时，若是月刊的话就相对比较慢

图 10-20　广告投放原则

由于广告投放有很多优势，所以很多品牌主都想要通过这种方式来向大众推广他们的产品，如图10-21所示。

图 10-21　广告投放优势

目前，广告主在小红书上主要有两种投放需求，一是为了增加曝光率，二是提高转化率，如图10-22所示。

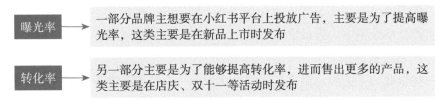

图 10-22　广告主在小红书上的投放需求

按照不同的投放需求，广告投放的形式及考核指标也不一样，以曝光率为重点的广告投放形式主要是信息流笔记和搜索笔记为主，而以转化率为重点的广告投放形式则是以H5（HTML5，超文本标记语言）和商品卡为主，如图10-23所示。

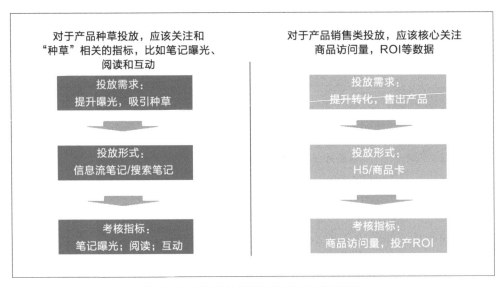

图 10-23　不同投放需求的不同形式及考核指标

2. 广告投放分类

小红书广告投放主要分为两类，一类是商业广告，以开屏广告为主；另一类是竞价广告，下面具体来看一下这两类广告。

（1）商业广告

商业广告主要是开屏广告，这种广告价格相对较高。

（2）竞价广告

在小红书中竞价广告主要分为两种，一是搜索广告，顾名思义，搜索广告通常是与用户的搜索有关，广告系统会根据用户的搜索去识别分析有价值的关键词。二是信息流广告，这类广告的主要形式通常是图片、图文、视频等，最大的优势在于算法技术领先、能够精准地定向、用户体验好，通过技术在平台中精准投放，因此无论是曝光率还是转化率都能得到提升。

10.2.6　了解品牌号营销

首先，来了解一下什么是品牌号。在小红书中，平台将原本的品牌账号进行了升级，变成了现在的品牌号，其主要目的是为了促进消费者与品牌之间的交流，实现品牌主在小红书平台上的消费闭环。

品牌方申请品牌号成功后，可以更改品牌号的界面，打造与自己品牌相符合的主页风格。此外，品牌号还能够直接进入小红书品牌旗舰店中，帮助品牌方高效、迅速地完成交易。

这种方式适用于品牌方及商家，主要目的也是为了背书和流量。一般来说，比较适合做背书的行业主要是护肤产品等这类需要长期使用的品牌，而主要为了流量的品牌最好是饰品、彩妆等。

值得注意的是，品牌号的推广笔记无论内容质量好坏，平台都会给予一定的推送，因为品牌号本身就是平台中默认的用于发布广告笔记的账号。

10.2.7　了解品牌合作人

品牌合作人是小红书平台官方推出的一项推广方式，通过官方的品牌合作人平台进行推广营销。值得注意的是，品牌合作人现在已经全新升级，转变成了小红书蒲公英，这种方式适合于各种品牌方及商家。

目前，小红书对于品牌合作人进行了升级，在选择品牌合作人时的要求变得更高，因此现在大部分品牌合作人笔记的内容都相对较为优质。

另外，品牌合作人大多都签有公司，因此价格相对较高，进行铺量是不现实的。

第11章

账号引流：帮你轻松获取超级流量

虽然，小红书相对于其他平台而言，火热程度稍微较低，但是也是一个重要的内容创作平台，如果博主能够掌握一定的技巧，就能轻松获取超级流量。本章将针对账号引流进行详细介绍，帮助大家获取流量。

11.1　学习小红书养号，提高权重

一些想要在小红书上引流的朋友，因为不懂小红书平台的相关规则，没有养号便直接发布作品，这会导致自己的账号权重变低，引流的效果便不很明显。本节将讲解养号的相关知识。

11.1.1　了解养号概念

什么是小红书养号呢？顾名思义，就是通过一些操作来提高自己账号的初始权重。你的权重越高，官方便会扩大你的推荐范围，这样你的笔记的曝光量相对于其他账号就越大。而曝光量的提高也就意味着你的笔记会被更多的人看到，你所推荐的产品也能得到进一步推广。

养号是非常重要的一个环节。如果刚注册账号时，不进行养号便直接发布广告，官方则会认定你的账号为营销号。所以，养号最终的目的就是告诉平台你是正常用户，你不会利用你的账号在平台乱来，从而获取平台的信任，让平台给你相应的流量。

大多数人都犯过同样的错误，就是看到别人说运营小红书能赚钱，于是上来就开始抱着"我也会成功"的心态发布作品，暂且不看作品的质量，就看作品的播放及推荐量，也就是看的人数，是不是都很少？

之所以这样，是因为你上来就发布作品，就好比别人都不认识你，上来就想跟别人借钱，别人能借给你吗？同样的道理，要先通过一系列操作获取平台的信任，让平台知道你是个正常用户，然后再精心准备一个作品发布出去，这样才会有更多人看到你的作品。

11.1.2　明确养号阶段

本节讲解哪些阶段需要养号，首先来看一下自己目前处于哪一个阶段，如果属于下面4种情况之一，那么就要开始养号了。

1.刚刚注册的新账号

这个比较好理解，在这个平台中，你作为一个新来的陌生人，需要先熟悉平台的规则，通过一系列正规操作，让平台知道你是个正常的账号，并不会乱来。

一般来说，对于新账号建议先将自己的基本资料都完善好，如头像、昵称、个人简介等，然后将自己的账号定位确定好，搜索并浏览相关的内容，或者查看

"搜索发现"里面的笔记，并适当地点赞和评论。

2. 长期不使用的账号

有一些用户在之前就已经建立了自己的小红书账号，但是并没有长时间地停留在其中，不久之后便又卸载了。现在意识到小红书平台也是一个能够盈利的平台时，又再次把自己曾经卸载了的小红书平台下载回来。

这些账号往往权重相对不高，需要一定的时间来养号，同时也是给平台一个重新认识你的机会。

3. 点赞、评论出现异常的账号

有一些用户在使用小红书时突然出现无法点赞或者发布的评论别人看不到的情况，这种情况可能是没有刷新导致的，或者由于系统升级的原因。如果是这两种情况的话，则不需要养号，重新刷新或者升级系统即可。

但是也有可能是你的账号出现了问题。如果重新刷新和升级系统的情况下，点赞和评论仍然出现问题的话，那么就需要进行养号了。

4. 有违规行为的账号

有过违规行为的账号毫无疑问是要进行养号的，这种账号直接被平台贴上了"差等生"的标签。对于"差等生"账号，平台不会给予过多的关注，也不会给予被推荐的机会。所以，有了违规行为的账号一定要进行养号，改正自己账号在平台中的形象，才能获得更多推荐的机会。

11.1.3 掌握养号方式

在了解如何进行养号之前，先来看一下养号需要多少时间，毕竟不可能一直进行养号。一般来说，养号需要一周左右。如果是账号出现异常的情况下，则需要延长时间；如果是账号出现严重违规的情况，则需要半个月左右。

接下来，讲解如何进行养号，主要有以下几种方式。

1. 账号级别

小红书中存在着一个形象名称，很多人都对其并不关注。其实这是小红书为了刺激用户进行创作而设置的账号成长等级。想要知道自己的成长等级，只需要在"我"界面中点击"编辑资料"按钮，在"编辑资料"界面的最下方便可以看到"成长等级"，如图11-1所示。

小红书中的成长等级主要分为10个，包括"尿布薯""奶瓶薯""困困薯""泡泡薯""甜筒薯""小马薯""文化薯""铜冠薯""银冠薯""金冠薯"。按照要求完成相应的任务，则可以升级。图11-2所示为"尿布薯"和"奶瓶薯"升级任务。值得注意的是，等级越高，权重越大。

图 11-1　账号成长等级

图 11-2　"尿布薯"和"奶瓶薯"升级任务

2. 关注账号

在养号期间，可以多关注一些其他账号，也可以关注小红书官方账号，如"薯管家""生活薯"等，如图11-3所示。

图 11-3　小红书官方账号

关注账号的同时，一方面可以进行养号，另一方面也可以学习其他账号的笔记内容。

3. 浏览互动

除了提高账号等级和关注其他账号，还可以进行浏览互动，如搜索热门话题进行浏览。当然，在浏览的过程中，不能快速地浏览，最好是能够按正常的速度将笔记全部浏览完。

互动时也不能过于"水"，发布一些无关紧要的内容，如"很好"等。当然，在评论时一定不要出现违禁词等内容。

4. 多开应用

一台设备要登录多个账号时，在没有条件的情况下，可以用应用分身来解决，或者在切换账号前关闭流量数据，开启飞行模式一段时间之后，再登录另一个账号。

11.2　探寻引流技巧，获取流量

在众多平台中，小红书平台是非常受各大品牌主关注的平台之一，尤其是在美妆、母婴等行业，是各大品牌、商家必争的战场之一。

作为一个种草平台，与其他平台相比，小红书平台中用户搜索的目的性更加精准，而且购买的欲望也更强，那么如何将这些有着更强的购买欲望的用户引到自己的私域呢？本节将讲解引流的技巧，帮助读者获得更多精准的用户。

11.2.1　使用账号信息引流

大多数博主在平台运营的过程中，都喜欢在个人账号简介或内容载体中留下自己的联系方式，以便将平台上的流量和粉丝引流到其他平台中再进行转化变现。

用户点开博主的主页，便可以看到博主的账号信息，因此在账号信息中写明自己的联系方式，就能够很好地引流。很多博主都会在主页上加入邮箱、微博昵称、淘宝店铺名称等信息，方便用户在浏览到感兴趣的内容时可以随时联系博主。

11.2.2　注重品牌打造

相对于其他品牌来说，小红书更容易打造品牌，也更好营销。品牌的打造一开始要注重的是品牌的形象，小红书可以通过笔记的形式向大家推荐种草，形成良好的品牌形象。因此，许多品牌也更愿意在小红书上推广引流。图11-4所示为小红书上品牌号的个人主页。

图 11-4　品牌号个人主页

11.2.3 借助打卡功能

小红书有一个特殊功能，即打卡功能。图11-5所示为两个博主个人主页上的打卡功能。博主通过在个人主页添加打卡功能，可以光明地正大引流，这个方式非常高明且奇特。用户点进博主的主页，就能够知道怎么联系博主。

11.2.4 置顶笔记引流

有一些博主会置顶自己的笔记，置顶的笔记通常浏览量都非常高。一般来说，被置顶的笔记都会在左上方显示置顶二字，如图11-6所示。

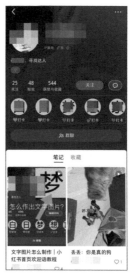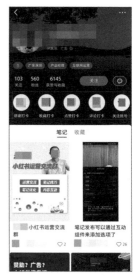

图 11-5　个人主页的打卡功能

图 11-6　置顶笔记

有的博主的私信很多，就可能导致账号受限，因此博主可以通过发布置顶笔记的方式来引流。但是，这种方式可能会收到官方的通知，主要是因为含有联系方式的置顶笔记可能不会被推荐。但是，作为置顶笔记，在博主的个人主页上也很醒目，这样也可以将精准的用户引流到私域。

11.2.5　利用图片引流

除了上述引流技巧，还可以在图文笔记的图片中加入一些店铺或者是品牌的名称。这种方式一般在穿搭笔记中经常出现，如图11-7所示。

图 11-7　图片引流笔记

这种方式比较隐蔽，有的用户在观看时可能发现不了，此时可以在评论区中提醒一下。

11.2.6　利用私信引流

私信引流是指通过私信的方式将你需要引流的信息发送给对方，可以在正文或者评论区让大家私信你。当然这种方式不能太过引人注意，也不能加入敏感词、违禁词等，否则会被检测出来。

很多博主都是通过私信的方式进行引流的，一方面风险并没有那么大，且能够私信的用户都是对你的内容非常感兴趣的；另一方面私信是以一对一的方式进行交流的，对方能够精准地接收到你的引流信息。图11-8所示为一名博主的私信引流笔记。

图 11-8　私信引流笔记

11.2.7　利用个人品牌词引流

打造一个个人品牌词就像打造一个人设一样，好的人设可以让人轻易记住。同样，一个好的个人品牌词也能提高账号的辨识度，增强用户的印象。

以个人品牌词的方式引流主要包括两种方式，一是通过将个人品牌词与其他平台相关联，当用户在这个平台上关注你后，其在使用另外一个平台时，也能够根据你的个人品牌词找到你。二是通过不断提及品牌词的方式加深用户对于品牌词的印象，从而达到引流到其他平台的目的。当然，这个品牌词需要加入第三方平台，这样才能更好地引流。值得注意的是，在确定个人品牌词时，一定要注意以下几点。

1. 特点鲜明

个人品牌词就好像一个广告词，这个广告词必须有着鲜明的自我色彩，例如加上一些创意和特色。图11-9所示为添加个人品牌词的笔记，加上"大码"、"162/105"等这样的个人品牌词，更能精准地吸引用户。

2. 与自己的定位相符

在打造个人品牌词时，不能随意确定，一定要符合你的定位。个人品牌词是帮助你提升关注度、提高热度的方式，当你的个人品牌词与你的定位大相径庭时，是无法提升你的账号的知名度的。

图 11-9 添加个人品牌词的笔记

图11-10所示为一位美食博主的个人主页，该账号给自己打造的个人品牌词为美食，账号的昵称是"美食魔法颜究院"，与自己的定位相符。这样用户在首页看到笔记时，就能知道博主的定位是与美食相关的，想要了解的用户自然会点开博主的主页，甚至关注博主。

图 11-10 某位美食博主的个人主页

11.2.8 利用评论引流

在评论区引流是一种较为直接的引流方式。在评论区，博主可以直接和用户交流。评论区引流有两种情况：在自己的评论区引流和在其他博主的评论区引流。下面分别进行介绍。

1. 自己评论区引流

顾名思义，自己评论区引流就是在自己的评论区中将小红书中的流量引到其他平台中去。有的用户可能不太会点进博主的主页，但是会看评论区，因此在评论区给自己引流也能够吸引很大一部分用户。

一般来说，能对你的笔记进行评论的用户大都是对你的笔记内容有着浓厚兴趣的。因此，这些用户对于你来说也是精准用户。

值得注意的是，引流是为了将用户引到其他平台上，那么主要是哪些平台呢？大致分为以下两种。

（1）线上平台

线上平台可能是一些第三方电商平台。图11-11所示为一位博主的线上平台引流笔记，这位博主在推荐家居好物的同时，会在评论区告诉大家商品店铺名称，引导大家前往第三方平台进行购买。

图 11-11 线上平台引流笔记

（2）线下商店

随着网络技术的快速发展，人们通过网络便可以知道千里之外的事情，因此有很多已经在线下开设了店铺的博主，仍然选择在网络平台上开设账号，让各地的用户都能知道自己的店铺，从而吸引更多的用户走进自己的线下商店。

图11-12所示为小红书中的线下商店运营账号的笔记，通过将线下商店的具体情况在平台上展示给用户，让他们足不出户就能了解到线下商店的全部信息，感兴趣的用户便会被吸引，从而进入线下商店。

图 11-12　线下商店运营账号的笔记

2. 其他博主评论区引流

有的博主会选择在其他博主的笔记的评论区进行引流，这种方式有可能会受到其他博主的反感。因此，在进行评论引流时，一定要注意方式，避免引起其他博主的反感。

值得注意的是，当你在其他博主下面进行评论引流时，一定要选择热度相对较高的笔记进行评论。如果在热度不高的笔记下面留言，观看的人也会很少，也就没有必要在其他博主的笔记中引流了。

另外，要选择与自己的账号定位相类似的，也即同一领域内的其他博主的笔记。如果你是美妆领域的，而你选择在一个读书博主的笔记下面留言，很显然会引起博主的反感，而且也达不到引流的效果。

第 12 章

直播变现：玩转小红书带货新模式

相比于其他电商平台，小红书社区直播板块的开设在时间上会更晚一点，但依托其充足的流量和以消费欲望强烈的年轻女性为主的用户群体，商家和企业在小红书社区进行直播，会对商品的销售、口碑的营销等起到长足的作用。

12.1　通晓变现渠道，获取收益

虽然小红书最开始只是一个社区类的种草平台，但是如今，其商业潜力已经很大地突破了人们的想象。博主掌握一定的技巧，也能在小红书平台赚取一定的现金。那么，小红书博主该如何通过平台来赚钱呢？本节总结了几条变现渠道，帮助大家获取收益。

12.1.1　选择品牌合作

一些品牌为了提高其知名度，会选择以素人铺量的方式来推广，所以当你的账号有了一定的粉丝量并且达到了品牌合作的要求后，便可以开始接一些品牌广告了。

当然，在选择接品牌推广时，一定要选择与自己的账号定位相符合的品牌，毕竟小红书的核心便是分享，如分享你的经验、体验等，所以只有当你的品牌推广与你的账号定位相统一时，再在笔记中加入你的使用体验，用户才会对你推荐的产品有信心。

如果一开始接触品牌推广时，不知道如何做才能达到最佳的推广效果，可以通过新红平台查看品牌的种草笔记等相关信息。与品牌合作的笔记可以将自己的使用体验介绍出来，当然内容还取决于品牌方的具体要求。与品牌合作而创作出来的笔记一般都会@品牌方，或者在笔记中插入与品牌方相关的图文等。图12-1所示为与某品牌合作的笔记。

图 12-1　与某品牌合作的笔记

12.1.2 选择直播变现

小红书中也可以做直播，因此一些博主可以通过直播的方式将自己的产品在直播中推荐给用户，从而达到变现的目的。一般来说，直播主要有两种情况，一是为自己的产品带货，这种通常是在小红书中有自己专门的店铺，如图12-2所示。

另外一种情况是为合作的商家进行推广，如图12-3所示。一般这种直播的账号有一定的粉丝基础，但没有在小红书中开设自己的店铺，通过与其他品牌合作来获得变现收益。

图 12-2 为自己产品带货的直播

图 12-3 与商家合作的直播

12.1.3 选择推广合作

在小红书平台中也可以开店。小红书平台中有一个商场专区，当用户浏览到喜欢的产品时，不用跳转到第三方平台，便可以直接在小红书平台中直接购买，如图12-4所示。

图 12-4　商场专区

因此，一些博主可以自己在小红书平台中通过自营或分销的方式开设店铺。在小红书中，当你的账号升级为专业号后便可以开店。而在你的账号有了一定影响力及粉丝基础后，就可以在笔记中插入店铺的链接。图12-5所示为插入链接的笔记，用户点击上面的链接便可以直接购买。

图 12-5　插入链接的笔记

12.1.4 选择品牌变现

众所周知，小红书是一个生活方式分享平台及消费决策入口，因此为了给用户和消费者提供更好的购物消费体验，平台不断邀请大量优质品牌商家和企业入驻。对于影响力较大的品牌方来说，可以利用自身品牌来变现。图12-6所示为品牌商家的入驻流程。

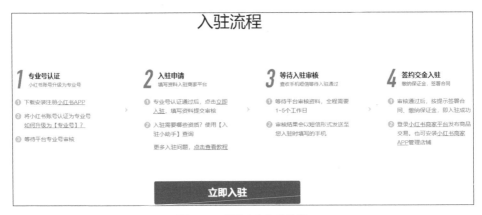

图 12-6 品牌商家入驻流程

12.2 了解小红书直播，掌握模式

与其他平台相比，小红书直播起步较晚，但是相对较为谨慎，对于直播的开放是循序渐进的。在最开始，小红书平台是针对特定的KOL进行内测，而后才全线开放。

本节就来重点介绍一下小红书直播的具体情况，了解一下小红书与其他直播平台的区别，以及直播间的注意事项等，帮助读者增加直播间的观看人数。

12.2.1 了解小红书的基本概况

目前，小红书已经全员开通了直播权限，小红书用户只要进行了实名认证就可以进行直播。

用户进入小红书首页，点击下方的➕按钮，如图12-7所示。执行操作后，进入创作界面，❶点击下方的"直播"按钮，进入"直播"界面；❷点击"去认证"按钮进行实名认证；❸完成个人实名认证后点击"开始直播"按钮，便可以进行直播了，如图12-8所示。

图 12-7　点击相应按钮　　　　图 12-8　点击"开始直播"按钮

1. 直播功能

小红书平台虽然开通直播比较晚，但是直播的相关功能却比较齐全。直播开始前，主播可以提前设置心愿礼物，设置当场直播想要收到的直播礼物及数量。此外，主播还可以提前设置好直播公告和屏蔽词，这样观众便可以提前了解到直播的主题和内容。

进入直播间后，可以看到直播间粉丝团功能、商品列表、PK、发红包、抽奖、直播连线功能、小纸条功能等。小红书还有一个特殊功能，即小纸条功能。开启小纸条功能后，观众可以对主播进行提问，主播可以选择问题进行回答。

2. 优势

相较于其他直播平台，小红书拥有以下几个优势，如图12-9所示。

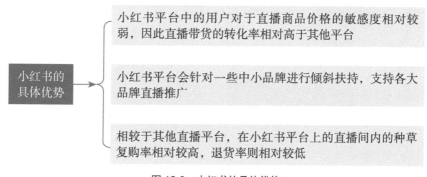

图 12-9　小红书的具体优势

3. 特点

目前来说，小红书直播具有以下两个特点，如图12-10所示。

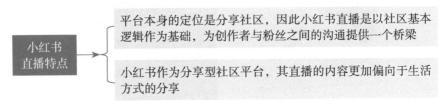

图 12-10　小红书直播的特点

12.2.2　了解与其他平台的区别

小红书主要分为两种直播形式，一种是互动直播，另一种是电商直播。目前，小红书中的直播形式都是以互动直播为主。也就是说，小红书直播的互动性更强。

从这两种形式可以看出，小红书直播将分享与带货结合，其内容包括知识分享、直播带货、聊天学习、日常生活方式分享等。图12-11所示为学习类小红书直播。

图 12-11　学习类小红书直播

目前，直播平台众多，有相对专业的直播平台，如斗鱼、虎牙直播等；也有将直播作为辅助功能的平台，如淘宝、微博、拼多多等。与其他直播平台相比，小红书直播的不同之处主要有以下3点。

1. 侧重分享

小红书的宣传标语是"标记我的生活"，这也就注定了小红书是一个以分享、记录为主的平台，因此小红书平台的直播没有过多地充斥着产品的推广、营销等信息，它更像是创作者与粉丝之间的视频聊天分享笔记。

当然，小红书也有着电商的功能，因此其中也会夹杂着带货直播。不过，即便是直播带货，直播内容也相对比较柔和，侧重于产品的试用、测评等方面。

大多数用户喜欢小红书的原因，就是因为该平台记录生活的特点，因此博主在进行直播时要注重用户的感受，将分享日常生活等作为直播的主要内容。

图12-12所示为小红书中两个博主的直播间，前者直播间主要是直播自家宠物日常，而后者则是直播读书，同时还会与直播间内的粉丝聊天。

图 12-12　小红书博主的直播间

2. 消费氛围较淡

小红书毕竟不是电商平台，也不是专业的直播平台，因此在小红书直播间内消费的氛围都比较淡，内容并不局限于产品的推广及带货。

以小红书和淘宝的带货直播间为例，两者之间存在着不同的直播氛围，前者直播间并没有过多的"优惠""下单"等这些词语，连下方的招呼语也是"我来了""哈喽"等句子。

而在淘宝直播间内，"限时9折""直播下单，优先发货"等这些词语都是为了鼓励用户快速下单。两者相较而言，淘宝的直播间重点则在于介绍产品及相关的优惠，目的性很明确。

3. 未进行分类

此外，小红书还有一点与其他直播平台不同，就是小红书并没有对直播间进行分类，而像淘宝等其他平台，都对直播间进行了分类。

但是，小红书会在直播封面给用户一个提示，如带货中、抽奖中、直播中等。

值得注意的是，小红书直播平台的直播间推送有两种方式，一种是定向推送，另一种是随机推送。

定向推送是指对该账号感兴趣的人进行推送。当用户关注了某个自己喜欢的账号后，该博主进行直播时会提醒用户直播即将开始。当博主已经直播时，用户只需要点击博主的头像即可进入直播间。

随机推送是指系统随机将直播间推送到直播区内，前面提到过，小红书平台并未对直播进行分类，也就是说，在直播区内可以看到不同种类的直播间。

12.2.3 了解直播间的注意事项

不管是什么平台，在直播时都应该注意一些事项。在小红书平台中，主播应该注意以下几个事项。

1. 消极直播

消极直播是指在直播过程中消极对待，或者是主播在直播时长时间消失或不与直播间内的粉丝互动，这样会使直播间内的粉丝产生不好的体验，粉丝肯会因此选择离开直播间。

2. 不良直播内容或语句

除了在直播间内不积极对待，也不可以在直播间内传递不好的直播内容或语句。例如，在直播间内直播一些黄赌毒的内容，或者违反交通规则等内容，这些都会被视为违规内容。

3. 带货限制

虽然小红书中是以分享为主，但也有一些带货的直播。目前，在小红书直播间内，主播在直播间可以上架第三方平台的商品，也可以上架平台内部店铺的商品；但是对于品牌博主而言，则只能上架平台内部店铺的商品。

此外，在直播间内带货，需要提前将商品加入带货列表才能被主播带货。值得注意的是，开通直播选品需要粉丝数量多于1000人。

4. 常见的违规

在小红书平台中，会签订直播协议，因此主播在直播时，一定要仔细阅读平台的《直播规范》，以防出现相关的违规内容，进而影响直播。

12.3　提高语言能力，增强带货效果

主播在直播过程中，最需要的就是和粉丝进行互动和沟通，用自己的语言来吸引粉丝的目光并获取流量，从而将商品卖出去，提高自己的带货效果。

掌握一定的带货语言能够让你的直播间更加妙趣横生，能使观众对你和你推荐的产品更加信服。在某种程度上，好的带货语言能够大大提高直播间的观众留存率，极大地增加商品销量。

12.3.1　培养语言能力

出色的小红书主播都拥有强大的语言能力，有的主播会多种语言，让直播间多姿多彩；有的主播讲段子张口就来，让直播间妙趣横生。那么，主播该如何提高语言能力、打造一流的口才呢？

1. 语言表达

一个人的语言表达能力在一定程度上体现了这个人的情商。对于小红书平台上的主播来说，可以从以下几个方面来提高自己的语言表达能力。

（1）语句表达

在语句表达上，主播需要注意以下两点。

首先，主播需要注意话语的停顿，把握好节奏。

其次，主播的语言表达应该连贯，听起来自然流畅。

（2）肢体语言

单一的话语可能会不足以表达，主播可以借助动作和表情进行辅助表达，尤其是眼神的交流，其次，夸张的动作可以使语言更显张力。

（3）自身知识

主播可以在线下注重提高自身的修养，多阅读，增加知识的积累。大量阅读可以增加一个人的逻辑能力与语言组织能力，进而帮助主播更好地进行语言表达。

（4）学会倾听

懂得倾听是人品好的一种体现方式，小红书上的带货主播也要学会倾听观众的心声，了解他们的需求，才能更快地把商品卖出去。

在主播和观众交流沟通的互动过程中，虽然表面上看起来是主播占主导，但实际上是以观众为主。观众愿意看直播的原因就在于能与自己感兴趣的人进行互动，主播要想了解观众关心什么、想要讨论什么话题，就一定要认真倾听观众的心声和反馈。

2. 聊天语言

如果主播在小红书直播间带货时不知道如何聊天，遭遇冷场怎么办？为什么有的主播能一直聊得火热？那是因为主播没有掌握正确的聊天技能。

（1）感恩心态

俗话说得好："细节决定成败！"如果在直播过程中主播对细节不够重视，那么观众就会觉得主播有些敷衍。在这种情况下，直播间的粉丝很可能会出现快速流失的情况。相反，如果主播对细节足够重视，观众就会觉得他是在用心直播。当观众在感受到主播的用心之后，也会更愿意关注主播和下单购物。

在直播过程中，主播应该随时感谢观众，尤其是进行打赏的观众，还有新进入直播间的观众。除了表示感谢，主播还要通过认真回复观众的评论，让观众看到你对他们是很重视的，这也是一种转化粉丝的有效手段。

（2）换位思考

面对观众进行个人建议的表达时，首先主播可以站在观众的角度，进行换位思考，这样更容易了解回馈信息的观众的感受。图12-13所示为主播换位思考的表现。

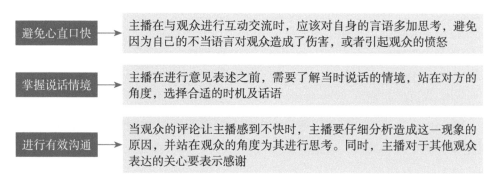

图 12-13　主播换位思考的表现

（3）保持谦逊

主播在面对观众的夸奖或批评时，都需要保持谦虚礼貌的态度，即便已成为热门主播也需要保持谦虚。谦虚耐心会让主播获得更多粉丝的喜爱，即使是热门主播，保持谦虚低调也能让主播的直播生涯更加顺畅，并获得更多的"路人缘"。

（4）适可而止

在直播聊天的过程中，主播说话的语言要注意把握好尺度，懂得适可而止。如果在直播中，主播不小心说了错话，惹得观众愤怒，此时主播应该及时向观众道歉。

（5）幽默风趣

口才幽默风趣的主播更容易获得观众的喜爱，而且还能体现出主播个人的内涵和修养。所以，一个专业的小红书带货主播，也必然少不了幽默技巧。在生活中，很多幽默故事就是由生活的片段和情节改编而来的。因此，幽默的第一步就是收集搞笑的段子和故事等素材，然后合理运用，先模仿再创新。

3. 销售语言

下面，为大家介绍几种能够提高主播销售语言能力的方法。

① 提出问题：直击消费者的痛点和需求点。

② 放大细节：尽可能地放大用户忽略的细节。

③ 引入产品：用产品解决前面提出的问题。

④ 提升高度：详细地讲解产品，提升附加值。

⑤ 降低门槛：打破消费者购买的心理防线。

12.3.2 | 使用语言技巧

主播在直播带货过程中，除了要将产品很好地展示给观众，最好还要掌握一些直播带货的语言技巧，这样才可以更好地进行产品的推销，提高主播自身的带货能力，从而让主播的商业价值得到增值。下面将为大家介绍几种直播带货常用的语言技巧。

1. 介绍法

介绍法是介于提示法和演示法之间的一种方法。主播在小红书直播间带货时，可以用一些生动形象和有画面感的话语来介绍产品，从而达到劝说观众购买产品的目的。图12-14所示为介绍法的3种操作方式。

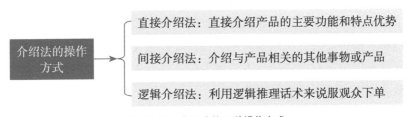

图 12-14　介绍法的 3 种操作方式

2. 赞美法

赞美法是一种常见的直播带货语言技巧，这是因为每一个人都喜欢被人称赞，喜欢得到他人的赞美。在这种赞美的情境下，被赞美的人很容易情绪高涨而感到愉悦，从而购买主播推荐的产品。主播可以将产品能够为观众带来的改变说出来，告诉观众他们使用了产品后，会变得怎么样，通过赞美的语言来为观众描述梦想，让观众对产品心生向往。

另外，"三明治赞美法"也是赞美法中比较被人推崇的一种表达方法，它的表达方式是：首先根据对方的表现来称赞他的优点；然后再提出希望对方改变的不足之处；最后，重新肯定对方的整体表现状态。通俗的意思是：先褒奖，再说实情，再说一个总结的好处。

3. 示范法

示范法也称示范推销法，就是要求主播把要推销的产品，通过亲自试用来给顾客进行展示，从而激起观众的购买欲望。由于直播带货的局限性，使得观众无法亲自试用产品，这时就可以让主播代替他们来使用产品，让观众更直观地了解到产品的使用效果。图12-15所示为示范法的操作思路。

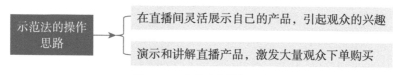

图 12-15　示范法的操作思路

4. 限时法

限时法是指主播直接告诉观众，本场直播在举行某项优惠活动，这个活动到哪天截止，在这个活动期，观众能够得到的利益是什么。此外，主播还需要提醒观众，活动期结束后再想购买，就要花更多的钱。

12.3.3　营造有利氛围

在小红书平台上，直播作为一种卖货的空间，主播要通过自己的言行在整个环境氛围上营造出紧张感，给观众带来时间压力，刺激他们在直播间下单。

主播在直播带货时，必须要时刻保持高昂的精神状态，将直播当成是现场演出，这样观众也会更有沉浸感。本节将介绍一些营造直播带货氛围的相关语言技巧，帮助主播更好地引导观众下单。

1. 开场招呼

主播在开场时要记得跟观众打招呼，下面是一些常用的模板。

"大家好，主播是新人，刚做直播不久，如果有哪些地方做得不够好，希望大家多包容，谢谢大家的支持。"

"我是××，将在直播间给大家分享×××，而且还会每天给大家带来不同的惊喜哟，感谢大家捧场！"

"欢迎新进来的宝宝们，来到××的直播间，支持我就加个关注吧！"

"欢迎××进入我们的直播间，××产品现在下单有巨大优惠哦，千万不要错过了哟！"

2. 暖场互动

在小红书直播中，主播需要和观众进行频繁互动，这样才能营造出更火热的直播氛围。

因此，主播可以利用一些互动语言和话题，吸引观众深度参与到直播中。图12-16所示为暖场互动语言的相关技巧。

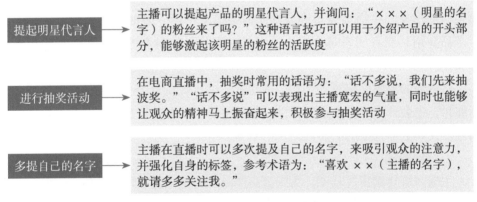

图 12-16　暖场互动语言的相关技巧

3. 观众提问

许多观众之所以会对主播进行评论，主要是因为他对于产品或直播中的相关内容有疑问。针对这一点，主播在策划直播脚本时，应尽可能地选择一些能够引起观众讨论的内容。这样做出来的直播自然会有观众感兴趣的点，而且观众参与评论的积极性也会要更高一些。当观众对主播进行提问时，主播一定要积极做好回复，这不仅是态度问题，还是获取观众好感的一种有效手段。

12.4 掌握销售技巧，促使下单

主播在小红书直播间卖货时，如何把产品销售出去，是整场直播的核心点。主播不仅需要运用语言技巧和观众进行互动、交流，同时还要通过活动和利益点来抓住观众的消费心理，从而促使他们完成最后的下单行为。

12.4.1 掌握销售心得

在小红书平台上，想要打动直播间观众的心，让他们愿意下单购买，主播需要先锻炼好自己的直播销售技能。下面，笔者将分享一些关于直播销售的心得体会，来帮助主播更好地进行直播卖货。

1. 转变身份

直播销售是一种通过屏幕和观众交流、沟通的职业，它必须依托直播方式来让观众产生购买行为，这种买卖关系使得主播会更加注重建立和培养自己与观众之间的亲密感。

因此，主播不再是冷冰冰的形象或者单纯的推销机器，而渐渐演变成为更加亲切的形象。主播会通过和观众实时的信息沟通，及时地根据观众的要求进行产品介绍，或者回答观众提出的问题，实时引导观众进行关注、加购和下单等操作。

当主播的形象变得更加亲切、平易近人后，观众对于主播的信任和依赖会逐渐加深，也会开始寻求主播的帮助，借助主播所掌握的产品信息和相关技能，帮助自己买到更加合适的产品。

2. 情绪管理

主播在直播卖货过程中，为了提高产品的销量，会采取各种各样的方法来达到自己想要的结果。但是，随着步入小红书直播平台的主播越来越多，每一个人都在争夺流量，都想要吸引粉丝、留住粉丝。

毕竟，只有拥有粉丝，才会有购买行为的出现，才可以保证直播间的正常运行。在这种需要获取粉丝流量的环境下，很多个人主播开始延长自己的直播时间，而机构也开始采用多位主播轮岗直播的方式，以此获取更多的曝光率，被平台上的更多观众看到。

这种长时间的直播，对于主播来说是一个非常有挑战性的事情。因为主播在直播时，不仅需要不断地讲解产品，还要积极地调动直播间的氛围，同时还需要及时地回复观众所提出的问题，可以说非常忙碌，会感到极大的压力。

在这种情况下，主播就需要做好自己的情绪管理，保持良好的直播状态，使得直播间一直保持热烈的氛围，从而在无形中提升直播间的权重，获得系统给予的更多流量推荐。

3. 选对主播

直播销售主播这个职业实际就是一个优秀的推销员，而作为一个直播商品推销员，最关键的就是获得流量，从而让直播间商品的转化率爆发。如果不能提高直播间的转化率，就算主播每天夜以继日地直播，也很难得到满意的结果。

主播需要对自己的商品足够专业化，了解自己在卖什么，掌握商品的相关信息，这样自己在直播过程中才不会出现没话可说的局面。同时，主播还要学会认识自己的粉丝，最好可以记住他们的喜好，从而有针对性地向他们推荐产品。

在小红书中，商家可以选择网红KOL作为主播，这一类主播往往会自带粉丝，并且在各自领域都有一定的研究，能够快速促进商品销售。

4. 选对产品

直播带货中产品的好坏会影响观众的购买意愿，主播可以从以下几个方面来选择带货的产品。图12-17所示为选对产品的技巧。

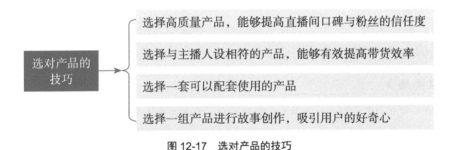

选对产品的技巧

- 选择高质量产品，能够提高直播间口碑与粉丝的信任度
- 选择与主播人设相符的产品，能够有效提高带货效率
- 选择一套可以配套使用的产品
- 选择一组产品进行故事创作，吸引用户的好奇心

图 12-17 选对产品的技巧

12.4.2 掌握带货技巧

作为小红书平台上的电商主播，每个人都能够吸引大量粉丝关注，都能成为带货达人。但是，主播如果要想激发用户的购买行为，关键前提是主播能让用户察觉到产品带给他的价值。

那么，如何做才能让用户察觉到产品带给他的价值呢？

1. 解决痛点

大部分观众进入直播间，就表明他在一定程度上对直播间是有需求的，即使当时的购买欲望不强烈，但是主播完全可以通过抓住用户的痛点，让购买欲望不强烈的观众也产生下单行为。

当主播在提出痛点时需要注意，只有与观众的"基础需求"有关的问题，才能算是他们的真正痛点。"基础需求"是一个人最根本、最核心的需求，这个需求没解决的话，人的痛苦会非常明显。

因此，主播在寻找和放大用户痛点时，让用户产生解决痛点的想法后，可以慢慢地引入自己想要推销的产品，给观众提供一个解决痛点的方案。在这种情况下，很多人都会被主播提供的方案所吸引。毕竟用户痛点出来了，观众一旦察觉到痛点的存在，第一反应就是消除这个痛点。

2. 打造痒点

所谓痒点，就是满足虚拟的自我形象。打造痒点，也就是需要主播在推销产品时，帮助观众营造美好的梦想，满足他们内心的渴望，使他们产生实现梦想的欲望和行动力，这种欲望会极大地刺激他们的消费心理。

3. 提供爽点

所谓爽点，就是说用户由于某个即时产生的需求被满足后，就会产生非常爽的感觉。爽点和痛点的区别在于，痛点是硬性的需求，而爽点则是即刻的满足感，能够让用户觉得很痛快。

对于小红书的主播来说，想要成功地把产品销售出去，就需要站在用户角度来思考产品的价值。这是因为在直播间中，观众作为信息的接受者，很难直接发现产品的价值，此时就需要主播主动帮助观众发现产品的价值。

★ 专家提醒 ★

痛点、痒点与爽点都是一种用户欲望的表现，而主播要做的就是，在直播间通过产品的价值点来满足用户的这些欲望，这也是直播带货的破局之道。

12.4.3　掌握促单技巧

很多商家或主播看到别人的直播间中爆款多、销量好，难免会心生羡慕。其实，只要你用对方法，也可以打造出自己的爆款产品。

下面将从直播前和直播中两方面入手，介绍直播带货常用的促单技巧，让观众快速下单。

1. 种草推广

商家或主播除了直接通过直播来带货，也可以利用小红书的发布笔记功能，在直播前进行"种草"推广，为直播间带来更多的人气，同时也可以直接提升下单率。

小红书笔记分为视频笔记和图文笔记，不过在发布推广类笔记时，商家企业一定要注意，不能让笔记看上去太"广告"，需要分享自己的真实使用体验，力求让用户在你的笔记中看到真实。

2. 红包营销

在直播间中，发红包是一种很好的吸引用户留存的方式，红包营销在直播的各个时段都可以使用，但不同的直播时段要使用不同的营销策略，具体如图12-18所示。

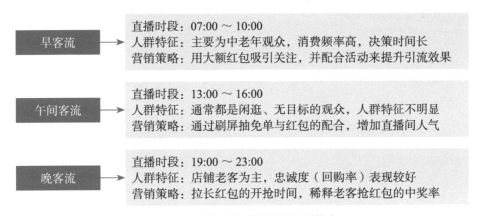

图 12-18　不同直播时段的不同营销策略